법과 인간 사이 3

법과 인간 사이 3

초판 1쇄 발행 2026년 1월 15일

지은이 박정인
펴낸이 장길수
펴낸곳 지식과감성#
출판등록 제2000-000081호

교정 한장희
디자인 김희영
편집 김희영
검수 정은솔, 정윤솔
마케팅 김윤길

주소 서울시 금천구 벚꽃로298 대륭포스트타워6차 1212호
전화 070-4651-3730~4
팩스 070-4325-7006
이메일 ksbookup@naver.com
홈페이지 www.knsbookup.com

ISBN 979-11-392-3034-5(04810)
값 18,000원

법과 인간 사이 3

박정인

지식과감성#

목차

제2장 정보보안과 법

제3장 과학기술과 법

제4장 문화예술과 법

머리말

『법과 인간 사이』 1·2권에 이어 『법과 인간 사이 3』을 내게 되어 매우 기쁘게 생각합니다. 『법과 인간 사이』 1·2권에 대해 많은 분들이 모닥불처럼 따뜻하고, 땀 흐른 산 계곡에서 만나는 시원한 물 한 잔 같은 글이었다며 좋아해 주셨습니다. 어떤 분은 제게 메일을 보내시면서 계속해서 청년들과 국가를 사랑하는 글을 쓰라는 응원도 해주셨습니다. 그래서 용기를 내어 『법과 인간 사이 3』을 내게 되었습니다. 이번 내용도 다 제가 최근에 하고 있는 연구들과 무관하지 않습니다. 청년들과 국가를 사랑하는 마음은 언제나 저에게 뜨겁습니다.

그러한 마음이 닿았는지 올해 과학 분야의 공공기관에서 여러 입법에 대한 자문과 강의를 할 기회를 얻었습니다. 그때마다 그분들의 고민을 폭풍처럼 마주하며 "법이 아라미드 실처럼 입어도 입지 않은 것 같은 우주복이 되면 좋겠다. 그런 법이 되도록 규제와 지원의 중복을 보는 큰 추가 나에게 있다면 얼마나 좋을까" 하고 잠시 소원하기도 하였습니다.

작년부터 몸이 많이 안 좋아지더니 결국 올해는 암수술을 하였습니다. 지금도 완전히 회복되지는 않았습니다만 병실에 누워 아픈 몸을

끌고 무엇이 중요하고 무엇이 중요하지 않은지 다시 한번 생각해 보았습니다. 아픈 저에게 병문안 와주었던 분들의 얼굴을 생각하며 내가 힘들 때 누가 손을 잡아주었는지 똑똑히 보았습니다.

대학 시절에도 큰 교통사고로 병원 신세를 진 적이 있었습니다. 비 오는 날, 보행자인 저를 미처 보지 못한 승용차가 덮쳐서 눈을 떠보니 병원이었습니다. 그때 저를 자신의 출근도 미루고 병원까지 데려다주셨던 회사원분을 아직도 생각합니다.

아프니까 친절함과 나에게 멈추어 서주는 사람이 얼마나 소중한지 새삼 깨닫습니다. AI가 모든 산업을 전면적으로 바꾸어가는 가운데 AI 없이도 병원에 있으면서 누가 나에게 소중한 사람이고 무엇이 나에게 필요한 일인지 다시 설계하는 용기를 얻었습니다.

신뢰는 믿을 수 있는 존재와 주고받는 것입니다. 그런데 그 신뢰는 연기가 가능한 것이라서 진정성을 보는 눈이 부족할 때가 많습니다. 지금도 완전치 않기에 잘 모르는 것은, 제 학문의 아버지인 장재옥 교수님과 항상 곁에 계셔주시는 부모님을 비롯한 존경하는 어른들께 여쭈어보며 계속해서 배워갑니다. 우리는 죽을 때까지 배워가는 존재인 것 같습니다. 공부를 해서 나누는 이 작업, 책을 쓰는 일도 자아 성찰의 측면이 강합니다. “후손들에게 그때 당신은 무엇을 하셨나요?”라고 물어보면 그저 스승님과 부모님, 선배들과 후배들이 살 괜찮은 나라를 만들기 위해서, 다시는 다른 나라에게 주권을 빼앗기는 나라가 아니기 위해서 부지런히 선진 입법을 제안하는 사람으로 살았노라 변명하고 싶어 끝없이 글을 쓰는지도 모르겠습니다.

사적 자치, 공동체, 공정한 세상, 인격권, 존엄 등 박사 과정 때 지도 교수님이 저를 매혹시켰던 수많은 단어에 대해서 저는 아직도 정의를 내리지 못했습니다. 계속 공부를 하다 보면 죽기 전에는 아주 조금이라도 공자님과 맹자님처럼 진리를 알게 될 수 있을까요?

언제쯤 제가 고민했던 불공정이라는 단어는 저에게 만족할 만한 정의를 내릴 수 있게 허락할까요?

톨스토이는 카피레프트의 표징입니다. 자신의 저작권을 포기하였기 때문에 193여 개국 중 88여 개국에서 어떠한 저작권 문제 없이 톨스토이의 작품을 번역하여 편히 읽을 수 있었습니다. 그중에서도 「사람은 무엇으로 사는가」라는 작품이 있습니다. 이 작품을 읽다 보면 사람의 마음속에 있는 것이 무엇인지 끝없이 찾으려 했던 톨스토이의 고뇌가 느껴집니다. 가난한 구두 수선공은 외상값도 받지 못한 채 집으로 돌아오다가 교회 옆 벌거벗은 남자(천사)를 발견합니다. 연민을 느낀 구두 수선공은 외투를 벗어 낯선 이에게 입힌 뒤 자신도 먹을 것이 부족하지만 빵을 나누어 먹습니다. 그때 벌거벗은 남자는 사람의 마음속에는 남의 아픔을 지나치지 못하는 연민이 있음을 알게 됩니다. 구두 수선공에게 장화를 주문한 부자가 이내 그 장화를 신지 못하는 일이 발생하는 것을 천사는 보게 됩니다. 사람의 가치는 언젠가 끝난다는 유한함 속에서 빛납니다. 아무것도 하지 않았는데 공짜로 받게 되는 이 하루하루가 진정한 선물임을 깨닫게 됩니다. 햇살과 공기, 일상 그것을 갈구해도 가질 수 없는 어제까지 산 자들의 아우성 위에 우리는 서 있습니다. 생명은 언제라도 멈출 수 있기에 아름다우며 빛이 납니다. 쌍둥이 여자아이의 구두들을 맞추러 온 한 부인이 구두 수선공에게 자신이 입양하게 된 쌍둥이 여자아이들의 자랑을 해댑니다. 그때 천사는 자신이 쌍둥이 여자아이들 친어머니의 생명을 빨리 거두지 못해 이 벌을 받게 된 현재에 마지막 깨달음을 얻습니다. "사람들에게는 사랑이 있으니 네가 거두어야 할 생명에 대한 걱정은 할 필요가 없다"라는 주님의 묵직한 울림을 듣게 되는 것입니다.

사람은 자신을 위해 심지를 태울 때보다 타인을 위해 심지를 태울 때 더 최선을 다하며 약속이란 것을 하게 되면 그 약속을 지키기 위해 노력합니다. 그래서 사람이 하는 약속은 위대합니다. 또한, 사랑은 사람을 살게 하는 기름이 되어줍니다. 사랑은 타인을 위해 시간을 내고 그들의 고민을 내 것과 같이 하는 것입니다. 그래서 공부는 사랑과 같습니다.

『법과 인간 사이』에서는 피해받지 않은 사람이 더 피해자를 걱정한다면 그러한 사회에는 희망이 있다는 저의 확신 아래 예술 앞의 인간, 기술 앞의 인간 등 인간의 마음속에는 무엇이 있는지, 인간에게 허락되지 않은 것은 무엇인지, 이 시점 사람은 무엇으로 사는지를 고민해 보고 싶습니다. 법도 인간이 만들어내는 문화 중 하나이기에 세상의 이야기를 들을 준비가 된 열린 인간은 자신이 꾸는 꿈도 잘 펼쳐갈 수 있을 것입니다.

우리나라는 현재 백척간두 위기의 시기에 살아가고 있습니다. 우리는 분열할 때 합일을 도모할 수 있는 목표가 필요합니다. 국가의 지도자는 국가를 위하는 사랑이 필요하며 공동체와 가정에서도 인간은 사랑이 필요합니다. 만일 지도자가 공감 능력 없이 영원히 살 것처럼 오직 희생 없는 자신의 이익만을 추구한다면 그곳의 미래는 없습니다.

국가가 있기에 우리가 누렸던 평화에 감사하고 우리의 선조와 선배들, 함께했던 이웃과 화합하여야 합니다. 우리는 사람이 있고 그다음에 법이 있음을 잊지 말아야 합니다. 선은 우리가 평생을 향해야 할 가치입니다. 그러나 상대가 칼을 들고 달려든다면 우리는 후손들을 지켜야 합니다. 그래서 우리에게 지금 필요한 것은 공동체로서 가져야 하는 목표, 하나 되는 마음입니다.

우리는 자식을 위해, 후손을 위해 사는 거치대일 뿐입니다. 우리가 모든 것을 이루고 갈 수 없음을 잊지 말아야 합니다. 그 무엇보다도 소중한 후손들에게 물려주어야 할 변함없는 가치는 '공정(公正)'입니다. 공공에게 정의롭다는 것, 누구나 인정하는 룰을 정하기 위해서 우리에게 더 많은 소통과 더 많은 고뇌가 필요합니다. 수많은 사람들과 함께할 수 있는 생활 질서를 만들어 우리 후손들에게 물려주는 것, 『법과 인간 사이』에서 제가 계속 써 내려가는 후손들에게의 연애편지가 그러한 성숙한 인간의 조건을 생각해 보는 시간이 되면 좋겠습니다.

2025년의 마지막 날

제1장

일상생활과 법

[헌법개정]

대한민국 헌법 개정,
지속 가능한 인구에 대한 새로운 비전이 필요하다

우리는 헌법 제1조에 '대한민국은 민주공화국'이라 새겨 놓고, 그 말이 곧 "우리의 정체성은 이미 완성되었다"는 선언처럼 안도하며 살아왔다. 그러나 인구구조는 빠르게 뒤바뀌었고, 이제는 "우리 안에 이미 또 다른 우리들이 있다"는 사실을 외면하기 어려운 시대에 접어들었다.

출산율이 얼음 바람처럼 낮아지는 현실 속에서 국가는 끊임없이 출산 장려 정책을 내놓고 있다. 그러나 정작 그 속을 들여다보면 한 가지 불편한 전제가 숨어 있다. "진짜 한국인은 한국에서 태어난 사람"이라는 은근한 강박이다. 그러나 질문을 바꿔봐야 할 것이다. 도대체 한국인의 기준은 누가 정했는가?

한민족, 본디 섞임으로 자라난 존재이다.

지구상에 유전적·문화적으로 완벽히 단일한 민족은 없다. 한민족 역시 수많은 외침과 교류 속에서 섞이고 변화하며 더 강해져 왔다. 고조

선의 홍익인간은 북방과 황하, 두 문화의 만남이었다. 광개토대왕의 비문에도 왕실 외연이 혼인과 교류로 넓어졌다는 사실이 기록되어 있다. 주몽도 다른 부족을 끌어안으며 나라를 세웠다. 삼족오의 상징조차 서로 다른 신앙을 품은 부족을 하나로 모으기 위한 지혜였다. 그리하여 단일 혈통이라는 믿음은 신화가 아니라, 근대 식민 지배에 맞서기 위해 필요했던 '전술적 민족주의'였다는 사실은 우리 모두 알고 있다. 하지만 그 신화는 이제 우리를 가두는 벽이 되고 있다.

우리나라가 이미 다인종·다문화국가라는 사실을 받아들여야 한다.

아이슬란드와 함께 거의 마지막까지 단일사회라 자부하던 우리나라는 지금은 160만 명이 넘는 외국인과 함께 살아가는 다문화국가이다. 그러나 법과 제도의 중심에는 아직도 "가족 여부, 혈통 여부"라는 관문이 걸려 있다. 2014년 제정된 「문화다양성 보호와 진흥에 관한 법률」은 1995년 세계문화발전위원회 보고서인 「우리의 창조적 다양성」에서 시작되어 2001년 채택되었던 유네스코 "세계 문화다양성 선언(Universal Declaration on Cultural Diversity)"으로부터 기인한다. 2005년 유네스코 제33차 정기총회에서 채택한 「문화적 표현의 다양성 보호 및 증진 협약」에 우리나라가 110번째 비준 국가가 되었으며, 2010년 7월, 국내에 동 협약이 정식 발효됨에 따라 그 후속 조치로서 국내 이행법 제정이 착수된 것이다. 이 법에 근거하여 문화적 다양성을 보장하기 위해 국가와 지방자치단체는 문화다양성에 기반한 문화예술 활동을 권장·보호·육성하며, 이에 필요한 재원을 적극 마련하여야 한다. 이를 위해서 문화체육관광부장관은 문화다양성의 보호와 증진을 위하여 문화다양성 보호 및 증진 기본계획을 4년마다 수립하여야 하며, 국무총리 소속 문화다양성위원회 설치, 협약에 따른 유네스코 국가보고서 작성과 제출, 문화다양성 실태조사 및 연차보고, 문화다양성의 날 지정(매년 5월 21일) 및 문화다양성 주간 지정, 문화다양성 보호와 증진을 위한 지원 등을 수행하여야 한다.

하지만 법은 문화정책 안에서 머무르고 있는 것이 현실이다.

한편 「다문화가족지원법」은 결혼이민자 또는 귀화자와 한국 국적 자녀로 이루어진 가족만을 대상으로 한다. 법 제2조 제1호 "다문화가족"이란 「재한외국인 처우 기본법」 제2조 제3호의 결혼이민자[1)]와 「국적법」 제2조부터 제4조까지의 규정[2)]에 따라 대한민국 국적을 취득한

---

1) 1. "재한외국인"이란 대한민국의 국적을 가지지 아니한 자로서 대한민국에 거주할 목적을 가지고 합법적으로 체류하고 있는 자를 말한다.
3. "결혼이민자"란 대한민국 국민과 혼인한 적이 있거나 혼인관계에 있는 재한외국인을 말한다.

2) 제2조(출생에 의한 국적 취득) ① 다음 각 호의 어느 하나에 해당하는 자는 출생과 동시에 대한민국 국적(國籍)을 취득한다. 1. 출생 당시에 부(父) 또는 모(母)가 대한민국의 국민인 자 2. 출생하기 전에 부가 사망한 경우에는 그 사망 당시에 부가 대한민국의 국민이었던 자 3. 부모가 모두 분명하지 아니한 경우나 국적이 없는 경우에는 대한민국에서 출생한 자 ② 대한민국에서 발견된 기아(棄兒)는 대한민국에서 출생한 것으로 추정한다.
제3조(인지에 의한 국적 취득) ① 대한민국의 국민이 아닌 자(이하 "외국인"이라 한다)로서 대한민국의 국민인 부 또는 모에 의하여 인지(認知)된 자가 다음 각 호의 요건을 모두 갖추면 법무부장관에게 신고함으로써 대한민국 국적을 취득할 수 있다. 1. 대한민국의 「민법」상 미성년일 것 2. 출생 당시에 부 또는 모가 대한민국의 국민이었을 것 ② 제1항에 따라 신고한 자는 그 신고를 한 때에 대한민국 국적을 취득한다. ③ 제1항에 따른 신고 절차와 그 밖에 필요한 사항은 대통령령으로 정한다.
제4조(귀화에 의한 국적 취득) ① 대한민국 국적을 취득한 사실이 없는 외국인은 법무부장

자로 이루어진 가족이거나 「국적법」 제3조 및 제4조에 따라 대한민국 국적을 취득한 자와 같은 법 제2조부터 제4조까지의 규정에 따라 대한민국 국적을 취득한 자로 이루어진 가족을 말하는데 "가족"이라는 울타리 밖에 있는 수많은 이주민들은 여전히 우리 시야 밖에 서 있다.

우리 사회는 꼭꼭 닫힌 현관문만 달아놓고, 부엌 뒤편 작은 창문으로 외국인을 들이고 있는 셈이다.

문화적 상대주의는 무조건 수용이 아니라 '공존의 기술'이다.

세르반테스는 『돈키호테』에서 이렇게 말한다. "두 포도주 감정가는 술맛에서 '쇠 맛'과 '산양 가죽 냄새'를 느꼈고, 술통 바닥에서 정말 산양 가죽 끈이 나왔다."

주류 사회가 놓친 진실을 비주류의 감각이 찾아낼 수 있다는 이야기이다. 문화도 마찬가지이다. 다양한 시선이 모일 때 비로소 우리는 더욱 정확해지고, 인간을 깊이 이해하게 된다. 다문화는 모든 문화를 무조건 받아들이라는 말이 아니다. 차이를 이유로 벌어지는 불평등을 극

관의 귀화허가(歸化許可)를 받아 대한민국 국적을 취득할 수 있다. ② 법무부장관은 귀화허가 신청을 받으면 제5조부터 제7조까지의 귀화 요건을 갖추었는지를 심사한 후 그 요건을 갖춘 사람에게만 귀화를 허가한다. ③ 제1항에 따라 귀화허가를 받은 사람은 법무부장관 앞에서 국민선서를 하고 귀화증서를 수여받은 때에 대한민국 국적을 취득한다. 다만, 법무부장관은 연령, 신체적·정신적 장애 등으로 국민선서의 의미를 이해할 수 없거나 이해한 것을 표현할 수 없다고 인정되는 사람에게는 국민선서를 면제할 수 있다. ④ 법무부장관은 제3항 본문에 따른 국민선서를 받고 귀화증서를 수여하는 업무와 같은 항 단서에 따른 국민선서의 면제 업무를 대통령령으로 정하는 바에 따라 지방출입국·외국인관서의 장에게 대행하게 할 수 있다. ⑤ 제1항부터 제4항까지에 따른 신청절차, 심사, 국민선서 및 귀화증서 수여와 그 대행 등에 관하여 필요한 사항은 대통령령으로 정한다.

복하도록 사회가 함께 책임지자는 선언이다. "언젠가 내가 비주류가 되었을 때, 나를 지켜줄 안전망이 존재하는 세상을 원하지 않는 사람은 없다." 제도는 언제나 약자를 위한 적립금 같은 존재가 되어야 한다. 이제는 헌법이 응답해야 할 때이다. 1987년 이후 한 번도 개정되지 않은 헌법은 민주주의 확장과 공동체 재구성이라는 시대적 질문 앞에서 있다. 우리가 헌법에 다음과 같은 문장을 넣을 수 있다면 어떨까?

"대한민국은 다양한 문화적 정체성이 존중되고 모든 사람이 차별 없이 공동체 구성원으로 참여할 수 있는 국가를 지향한다."

이는 선언 이상의 것이 될 것이다. 출산율 위기, 지역 소멸, 노동력 부족이라는 현실적 과제 앞에서 우리 사회의 지속가능성을 확보하는 새로운 헌정 패러다임이다. 문화로 서로를 초대하는 나라가 되자. 다문화 인구가 많은 지역의 문화회관과 문화원은 언어와 역사, 예술을 함께 배우는 문화적 교차로가 되어야 한다. 이주민들이 자신을 표현할 수 있는 교육을 확대하고 '가족' 여부가 아닌 정체성과 참여를 기준으로 지원해야 한다. 존중은 거창한 선언이 아니라, 그들의 독소리를 무대 위로 올리는 그 순간 시작된다. 우리나라는 다시 '건국'을 생각할 때다. 헌법 제1조는 우리에게 묻는다. "대한민국은 어떤 공화국인가?" 독일은 헌법 제1조에서 인간의 존엄을, 미국은 수정 헌법 제1조에서 표현의 자유를, 프랑스는 헌법 제1조에서 평등을, 일본은 헌법 제1조에서 천황을 통한 통합을, 우리나라는 이제 다양한 문화적 '우리들'이 서로를 끌어안는 공화국으로 진화하자고 말해보면 어떨까. 공동체와 사적 자치가 존중받는 나라, 단일민족 신화의 시대는 저물고 있다. 새로운 대한민국은 수많은 언어, 표정, 꿈들이 얽혀 보다 풍요롭고 지혜로운 사회로 태어나야 한다. 다름을 환대하는 순간 우리는 비로소 더 큰 '우리'를 발견할 것이다.

그날이 대한민국이 다시 태어난 날로 기록될 것이고 인구구조 급변은 우리에게 오히려 기회일지도 모르며, 초저출생·고령화로 인한 노동력·지역 공동체 붕괴 위기는 새로운 세상을 가져올지도 모른다.

현행 헌법의 시대착오성에 대해 묻는다. "단일한 국민"을 전제한 1987년 헌법은 약 160만 이주민과 공존하는 현재를 반영하지 못하고 있다. 국가 경쟁력 관점의 필연성인 OECD 국가 중 다문화·이민 정책 헌법 반영이 지체된 국가는 우리나라가 유일하다. 국제규범과의 정합성 확보가 필요한 시점이다. 유네스코 「문화적 표현 다양성 협약」, UN 「인종차별철폐협약(ICERD)」, 「난민협약」 등 국제인권법 준수 의무를 통해 대한민국의 지속가능성, 공동체 재구성, 인권 보장을 위해야 하며 헌법에 문화적 다양성·포용성 원칙 명문화가 필요하다.

[표] 문화적 다양성 관점에서 본 헌법 구조 분석

	항목	문제점	개정안	개정 취지
1	전문(前文)	역사적 동질성 강조(임시정부 → 3·1운동) 중심	"대한민국은 다양한 문화적 정체성과 삶의 방식이 존중되고, 모든 사람이 평등하게 공동체 구성원이 되는 사회를 지향한다."	→ 역사적 연속성 유지하되, 미래 지향적 가치 추가
2	제1조	민주공화국 원리 외, 사회 구성원 다양성 반영 안 됨	제1조 제3항(신설) 대한민국은 문화적 다양성과 상호 존중을 바탕으로 하는 포용국가를 지향한다.	→ 독일의 "인간존엄 국가원리"에 대응 되는 한국적 원리 조항
3	제2조	'국민' 개념의 폐쇄성 - 국적 기반으로만 구성원성 인정	수정 필요	
4	제11조	평등권 관련 - 인종·출신·언어 차별 금지 명문화 필요	제11조(평등권) 개정안(차별금지 구체화) 출신 국가·인종·언어·문화적 배경을 이유로 한 차별은 금지된다.	→ EU 기본권헌장과 정합성 확보
5	제34조	사회보장(인간다운 생활을 할 권리) - 문화적 권리 및 문화다양성 보호 조항 부재	제34조에 문화권 보장(신설) 누구든지 자신의 문화적 정체성을 보전하고 자유롭게 향유·표현할 권리를 가진다. 국가는 문화다양성의 보장 및 증진을 위하여 필요한 정책을 수립·시행한다.	→ 문화권의 독립적 헌법적 지위 부여

위와 같은 헌법 개정 이후 그 기대효과는 이주민·다문화인 권리보호 명확화되어 문화다양성법과 다문화가족법 외 중앙부처도 관련 법제가 마련될 수 있을 것이다. 또한 사회통합 측면에서 혐오·배제 갈등

을 사전에 예방할 수 있으며, 경제적으로 외국인 인재를 유치하고, 노동력을 확충할 수 있게 될 것이다. 중국이나 타 국가가 돈으로 과학자를 유혹할 수 있겠으나 우리나라는 국제적 위상과 문화적 향유 측면에서 인권 선도 국가로서 신뢰도를 제고받을 수 있으며, 출산율 저하에 대응할 수 있는 인구정책으로 인구 구성을 다양화할 필요가 존재한다. 또한 우리나라의 헌정 정체성을 업그레이드하고 단일민족 신화를 이루며 다문화 포용국가를 이루고자 한다.

향후 기본법으로서 다문화, 인종과 관련한 차별금지법을 최우선으로 전면 제정하고 법무부 중심으로 이민정책을 만들며 국무총리실 또는 전담부처를 재편할 필요가 있다. 또한 교육정책에서는 한국어·고국어 교육을 병행할 수 있게 하고 자신의 부모 국가를 존중할 수 있도록, 다문화 이해교육을 의무화한다. 문화정책 가족 여부와 무관하게 교육부 교육과정에도 다양한 문화·예술 표현권을 보장하도록 하고 지방정책에 있어 외국인 밀집지역에는 문화권 기반 공공인프라를 확충하도록 하여 그들을 배려할 수 있도록 하여야 한다.

많은 국민들의 우려는 첫째, 단일민족 정체성 해체를 우려할 것이다. 그럴수록 '국민의식'을 강화하고 우리나라 역사 교과서를 단일화하고 명확한 사실 중심 역사교육을 통해 국민의식과 앞으로의 미래에 함께하는 국민은 별개 문제임을 홍보할 필요가 있다.

둘째, 복지 확대 부담에 대한 저항이 클 수 있다. 이에 대해 명확한 ISP 수립이 필요한데, 가장 많은 국가의 민족부터 단계적 적용하고 고용·경제 효과에 많이 기여하는 국가의 민족부터 더 많은 재분배를 할 필요가 존재한다. 셋째, 사회 갈등이 증가할 것이므로 이에 대한 갈등 관리 매뉴얼·커뮤니티 기반 통합 프로그램이 운영되어야 한다. 정체성의 변화를 꾀하는 것은 손실이 아니라 국가의 확장이다. 오프라인의 세상이 사이버 세상으로 넓어지는 것과 마찬가지로 더 많은 사람들과 동행하는 것이 함께 진보하는 길이며 사회자본이라는 사실을 적극 홍보해야 할 것이다.

헌법 개정은 이념이 아니라 생존의 문제이다. 우리나라가 미래에도 지속될 것인가에 대한 인구 방향을 먼저 설정하고 영토 규정인 헌법 제3조와 제4조 한반도라는 제목에 묶여 있는 것은 경계하여야 한다. 즉, 우리가 후손에게 물려줄 부강한 나라를 위하여 우리나라가 미래에도 지속될 것인가에 대한 방향을 명확히 설정하여야 한다.

어디까지나 문화적 다양성과 포용의 원리는 제도적 시혜가 아니라 헌정적 원리로 격상되어야 하며 그것은 대한민국의 다음 100년을 여는 시작이 될 것이다.

2025년 7월,

청년 입법 학교에서 '우리가 헌법을 바꾸자' 프로그램을 마친 뒤 정리한 글

[영토주권]

중국 해상 구조물, 단순 어업 시설이 아니다

최근 서해 북방한계선 인근 해역에서 정체불명의 중국 해상 구조물이 잇따라 발견되고 있다. 중국은 이를 '심해 어업 양식시설'이라 주장하고 있지만, 대한민국 국민 다수는 이를 해양 침탈의 시작으로 받아들이고 있다. 국민적 불안은 단순한 과장이 아니다. 중국이 남중국해에서 보여준 행태는 — 사실상의 점유, 인공섬화, 군사기지화, 영토 주장 — 오늘날 그 복사본처럼 서해에 투사되고 있다.

실제로 중국은 필리핀과 베트남이 관할권을 주장하는 남중국해 해역에 인공섬을 조성하고, 이를 자국 영토라 주장하며 군사시설을 구축한 바 있다. 그 결과, 지역 분쟁은 고조됐고, 해양 안보 질서는 크게 흔들렸다. 우리는 지금, 그와 유사한 전략이 서해에서도 재현되고 있는 초기 단계에 직면해 있다.

중국이 설치한 구조물은 결코 단순한 양식장이 아니다. 정보 수집, 감시 레이더 설치, 통신 감청 등 다양한 군사적 용도로 활용될 수 있는 전초기지로서 기능할 수 있다.

향후 유사시에는 중국 해군력 투사의 거점으로 활용될 여지도 크다. 더구나 해당 해역은 한중 공동관리구역(PMZ)으로, 법적 경계가 명확하지 않다는 점을 악용해 중국이 영해 주장에 대한 '기정사실화'를 꾀할 경우 우리의 해양 주권은 실질적으로 침해당할 수 있다.

디지털 공간에선 이미 경고음이 울리고 있다. "서해는 이미 뺏기고 있는 중이다"라는 말은 과장이 아니라, 지정학적 현실에 대한 직관적 경고다. 실제로 중국이 해양 구조물을 설치한 뒤 콘크리트를 부어 인공섬화하는 것은 남중국해에서 이미 입증된 수순이다. 지금 대응하지 않으면, 대한민국 바다는 차츰 중국의 영향권 안으로 흡수될 것이다.

정부는 이러한 위협을 단순히 외교적 항의에 그치지 않고 실효적인 대응 전략으로 전환해야 한다.

첫째로, 해양주권을 실질적으로 보호할 수 있는 법적 기반을 마련해야 한다. '서해 해양주권 보호법'과 같은 입법을 통해 불법 구조물 설치에 대한 실시간 대응과 처벌이 가능하도록 해야 한다.

둘째, 위성 감시, 무인 해상 드론, 해양 감시선 등 첨단 기술을 동원한 감시 체계를 강화하고, 군-해경-외교의 긴밀한 공조 체제를 구축해야 한다.

셋째, 국제사회와의 공조를 통해 중국의 행위를 국제법적 틀에서 지속적으로 문제 제기해야 하며, 유엔해양법협약(UNCLOS)에 근거한 국제 중재 절차도 적극 검토할 필요가 있다.

무엇보다 중요한 것은, 외교적 수사만으로는 결코 중국의 해양 확장을 억제할 수 없다는 냉정한 현실 인식이다. 필요하다면 비례 원칙에 따라 우리 구조물을 선제 설치하는 등의 적극적 조치도 고려해야 한다. 중국이 상황을 기정사실화하고 있는 가운데, 한국만이 이를 방관하거나 유보적으로 대처한다면, 결국 해양 주권은 조용히 침식당하게 될 것이다.

중국의 '서해공정'은 단순한 어업 문제가 아니다. 이는 대한민국의 해양 안보, 주권, 전략적 지형에 대한 심각한 도전이다. 독도에 대한 단호한 대응과 같은 원칙이 서해에도 똑같이 적용되어야 한다. 바다는 종이 위의 선이 아니라, 실제 우리가 지켜야 할 생존의 경계다. 지금이야말로 행동할 때다.

2025년 4월 29일, 뉴스핌 기고문

디지털 법치주의 개정안 발의, 인권인가, 기술안보인가

디지털 법치주의란 디지털 기술의 발전으로 인한 새로운 사회 영역에서도 법의 지배 원리가 그대로 적용되어야 한다는 현대적 법철학적 개념이다. 즉, 기술이 법보다 앞서나가는 현실 속에서도 국가 권력의 행사는 헌법과 법률에 의해 통제되어야 하며, 국민의 기본권은 기술의 변화에도 불구하고 동일한 수준으로 보장되어야 한다는 원리이다.

디지털 법치주의는 첫째, 적법절차로서 기술을 이용한 행정·수사 행위도 법률상 근거와 절차를 따라야 한다는 의미이다. 둘째, 권력통제는 디지털 감시나 데이터 수집 등도 명확한 법적 통제를 받아야 한다는 것이다. 셋째, 기본권 보호는 기술로 인해 새롭게 침해될 수 있는 프라이버시, 표현의 자유, 데이터권을 적극적으로 보호해야 한다는 의미이기도 하다.

4차 산업혁명 시대의 도래와 함께 사회의 모든 영역이 디지털화되고 있다. 행정·사법 절차 역시 종이 문서와 물리적 증거의 시대를 넘어,

전자정보가 핵심 증거이자 통치 수단으로 기능하고 있다.

그러나 이러한 변화 속에서 '기술의 편의'가 '인권의 한계'를 넘어서고 있다는 우려가 높아지고 있다. 최근 몇 년간 수사기관이 피의자의 휴대전화, 노트북, 클라우드 계정 전체를 복제·분석하는 사례가 빈번히 발생하며, 개인의 사생활·직업상 비밀·제3자의 통신정보까지 광범위하게 침해되는 일이 반복되었다. 이러한 현실은 디지털 공간에서조차 헌법상 기본권이 실질적으로 보호받고 있는가 하는 근본적인 의문을 제기한다.

이러한 문제의식 아래, 2025년 10월 31일 서영교 의원 등 11인이 발의한 「형사소송법 일부개정법률안」(의안번호 2213841)은 전자정보 압수·수색 절차를 인권 중심으로 재정립하려는 시도로 평가된다. 본 개정안은 '선별압수의 원칙', '절차참여의 보장', '법원의 실질적 통제'를 명시함으로써, 디지털 수사절차에서의 헌법적 통제 원리를 구체화하였다. 이는 곧 '인권 중심의 디지털 법치주의'의 실현을 향한 입법적 전환점이라 할 수 있다.

그러므로 '디지털 법치주의'란, 기술발전으로 변화한 사회영역에서도 여전히 법의 지배가 유효하게 작동해야 한다는 원리로서 이는 단순히 '기술의 합법적 사용'을 의미하는 것이 아니다, 국가의 모든 디지털 행위가 헌법상 기본권의 틀 속에서 통제되어야 한다는 것을 뜻한다. 즉, 국가의 수사·행정·정보수집 권한은 디지털 환경에서도 동일하게 적법절차, 비례의 원칙, 사생활 보호, 정보자기결정권 등 인권 보장 원리에 의해 제한되어야 한다는 의미이다.

그럼에도 불구하고, 인권 중심의 접근이 기술유출 방지나 국가안보 수사에 장애로 작용할 수 있다는 우려도 제기된다.

예컨대 첨단산업기술, 군사기밀, 국가핵심기술 등이 외국으로 유출되는 사건의 경우, 수사기관이 확보해야 할 전자정보가 광범위하고 기술적으로 복잡하다.

이때 선별압수 원칙을 지나치게 엄격히 적용하거나, 피의자 측의 절차참여권이 과도하게 보장되면, 증거 확보의 실효성이 떨어지고, 오히려 기술유출 혐의자에게 증거인멸의 시간을 제공하는 결과가 될 수도 있다. 또한, 수사기관이 압수·분석 단계에서 검색어, 기간 등을 지나치게 제한받을 경우, 기술이 복합적으로 얽힌 지식재산 침해나 산업스파이 사건의 전모를 파악하기 어려워질 수 있다.

따라서 인권 중심의 디지털 법치주의는 단지 인권의 보호에만 머무르지 않고, 국가 경쟁력과 산업보호라는 공익적 가치와 조화롭게 설계되어야 한다. 인권과 기술안보는 대립하는 가치가 아니라, 법적 설계를 통해 조화될 수 있는 상호보완적 가치이다. 그러므로 이를 위해 다음과 같은 입법적 보완이 필요하다.

첫째, 중요 기술 사건에 대한 특례절차 도입이 필요하다. 국가핵심기술·산업기밀 유출 사건의 경우, 법원의 통제를 유지하면서도 신속한 전자정보 확보가 가능하도록 절차적 특례를 마련해야 한다.

둘째, 보안감독관 제도 도입을 촉구한다. 디지털 압수·수색 과정에서 인권침해를 감시하되, 동시에 기술정보의 무단 유출을 방지할 수 있는 전문감독관 제도를 검토할 필요가 있다.

셋째, 인권·안보 균형 평가체계 구축이다. 수사·행정 과정에서 인권침해 위험과 기술보호 필요성을 함께 평가하는 “디지털 법치 영향평가 제도”를 도입할 수 있다.

넷째, 국가안보 목적의 데이터 접근 절차 명문화가 필요하다. 산업스파이 사건 등 국가안보 관련 범죄에서는 특별한 요건하에 제한적 데이터 접근을 허용하되, 사후 심사와 통제 장치를 병행해야 한다.

인권 중심의 디지털 법치주의는 기술의 발전 속에서도 인간의 존엄을 최우선 가치로 삼는 헌법적 이념이다. 그러나 그것이 기술안보·산업보호의 기능을 약화시키는 방향으로 작용해서는 안 된다. 결국 우리가 지향해야 할 것은 “인권과 안보의 균형 속 법치주의”, 즉 기술의 보호와 자유의 보장을 함께 달성하는 법적 조화이다. 서영교 의원의 「형사소송법」 개정안은 그 출발점에 있다. 앞으로 디지털 수사와 기술보호의 영역에서도, 인권의 존중과 국가의 안전이 상호 견제와 보완의 원리 속에서 공존하는 새로운 디지털 헌법질서가 확립되기를 기대한다.

2025년 11월 3일, 뉴스핌 기고문

[학교교육]

고교학점제가 불러온 장기적 교육 불평등, 현안 대응 시급성을 인식하여야 한다

고교학점제가 시행되며 학생과 학부모의 혼란이 커지고 있다. 정부가 제도 시행 과정에서 학생 피해 가능성을 알고도 "대학 자율성"과 "추후 결정될 사안"을 이유로 대책 마련에 소극적이었다는 비판이 나온다. AI 디지털교과서 등 주요 정책이 잇따라 수정·철회되는 가운데, 새 정부 출범 이후 교육부 장관 공백이 석 달째 이어지며 교육 현안 대응이 늦어지고 있다. 이로 인해 '제도 미적용 졸업생의 불리'와 '심화과목 개설의 지역 격차' 문제가 동시에 발생하고 있다. 특히 지방의 다수 학교는 교사 인력과 시설 부족으로 '기하' 같은 심화수학 과목을 개설하지 못해 학생들이 진로 선택에서 불이익을 겪고 있다. 선택권 확대라는 제도의 취지가 오히려 지역별 교육 불평등을 심화시키는 결과로 이어지고 있는 것이다. 불안정한 제도 속에서 학교를 포기하고 검정고시를 택하는 학생도 늘었다. 서울시교육청에 따르면 지난 4월 고졸 검정고시에 지원한 고교 자퇴생은 2,327명으로, 전체의 61%를 차지해 5년 만에 최고치를 기록했다.

공교육은 예측 가능성과 신뢰를 기반으로 한다. 그러나 지금의 고교학점제는 그 기본을 지키지 못하고 있다. "학교의 본래 기능과 존재 가치가 흔들리고 있다"라는 현장의 우려처럼, 정부의 책임 회피 속에 결국 피해는 아이들에게 돌아가고 있다. 정부는 더 이상 "나중에 결정될 일"이라며 미루지 말고, 혼돈의 교육 현실을 바로잡는 구체적이고 신속한 대책을 내놓아야 한다.

고교학점제가 '학생 선택 중심 교육'이라는 이름 아래 전면 시행된 이후, 교육 현장에서는 예상치 못한 새로운 불평등이 나타나고 있다. 과목 개설의 지역 편차가 심화되면서, 학생 간 학습 기회 격차가 장기적으로 사회적 이동성을 제한하는 구조로 굳어지고 있는 것이다.

선택의 자유는 누구에게나 주어지는 것일까? 고교학점제의 취지는 분명하다. 학생이 스스로 진로와 적성에 맞는 과목을 선택해 배우도록 해, 획일적인 교육에서 벗어나 개별화된 학습을 보장하겠다는 것이다. 그러나 현실은 이상과 거리가 멀다. 지방의 많은 학교에서는 교사 인력과 시설의 한계로 인해 심화수학, 과학탐구Ⅱ, 제2외국어 등 주요 과목이 개설되지 못하고 있다. 특히 심화수학 과목인 '기하'의 경우, 교사 부족과 학교 시설의 물리적 제약으로 개설이 어려운 지역이 많다. 이로 인해 일부 지역 학생들은 애초에 해당 과목을 선택할 기회조차 주어지지 않는다. 대학 입시에서의 학습 기회 불균형은 단기적으로는 입시 결과의 격차로, 장기적으로는 지역별 진학률과 학력 격차의 고착화로 이어질 수 있다.

결국 교육 격차는 사회적 이동성의 제한으로 이어질 수 있다. 사회적 이동성(social mobility)이란 개인이나 집단이 자신의 사회적 지위나 계층을 변화시킬 수 있는 가능성을 뜻한다. 즉, 태어난 환경과 관계없이 노력과 기회를 통해 더 높은 교육과 직업, 경제적 지위를 얻을 수 있는 사회적 사다리의 존재를 의미한다. 그러나 고교학점제와 같은 제도가 지역이나 경제적 배경에 따라 교육 기회를 차별적으로 제공한다면, 이러한 사회적 이동성은 자연히 위축될 수밖에 없다. 지방의 우수 인재들이 수도권 학생들보다 불리한 경쟁 조건 속에 놓이는 현실은 결국 사회적 불평등의 재생산으로 이어진다.

그렇다면 헌법이 보장하는 '실질적 균등'의 의미는 무엇일까? 헌법 제31조 제1항은 "모든 국민은 능력에 따라 균등하게 교육을 받을 권리를 가진다"라고 명시한다. 이 조항은 단순히 '형식적 평등'을 뜻하지 않는다. 성별, 종교, 경제력, 사회적 지위 등과 무관하게 모든 국민이 실질적으로 평등한 교육 기회를 보장받을 수 있어야 한다는 의미다. 건국헌법 이래 교육받을 권리는 국가의 핵심적 의무로 자리해 왔으며, 1980년 헌법부터는 평생교육의 활성화 의무까지 명문화되었다. 이러한 헌법적 가치에 비추어 볼 때, 국가는 지역·계층 간 교육 격차로 인해 학생들이 실질적으로 불리한 환경에 처하지 않도록 적극적으로 보완 정책을 시행해야 할 책무를 지닌다. 물론 헌법재판소도 이러한 국가의 의무가 곧바로 국민 개개인의 '교육비 청구권'으로 연결되는 것은 아니라고 판시(헌재 2003. 11. 27. 선고 2003헌바39)했지만, 최소한 기회의 균등을 위한 적극적 조치의 의무는 분명히 인정된다. 우리는 보다 제도 운영의 세밀함을 가져야 한다. 「교육기본법」 제4조 제1

항 또한 "모든 국민은 성별, 종교, 신념, 인종, 사회적 신분, 경제적 지위 또는 신체적 조건 등을 이유로 교육에 있어서 차별을 받지 아니한다"라고 규정한다. 이러한 법적 원칙에도 불구하고 현실의 고교학점제 운영은 여전히 지역별, 학교별 편차가 심각하다. 교육부는 대학별 평가 요소와 방식이 아직 구체적으로 확정되지 않았다고 밝히며, "단순히 진로선택과목 이수 여부만으로 입시 불이익이 발생할 가능성은 낮다"라고 설명하고 있다. 그러나 입시 불이익의 가능성보다 더 근본적인 문제는 교육의 공공성이 훼손되는 구조적 불균형이다. 고교학점제는 선택권을 확대한다는 점에서 교육 패러다임의 진전이지만, 그 선택의 조건이 공평하지 않다면 이는 자유의 확대가 아니라 불평등의 제도화로 귀결될 수 있다. 결국 교육의 자유는 평등 위에서만 가능하다. 모든 사람에게 교육은 단순한 개인의 선택이 아니라, 사회 전체의 미래를 결정짓는 공공적 기반이다. 학생이 스스로의 꿈을 선택할 자유는 '동등한 출발선'이 보장될 때 비로소 의미를 가진다. 국가가 헌법과 법률이 명시한 바와 같이 실질적 균등을 보장하는 교육 환경을 마련하지 않는다면, 고교학점제는 결국 교육 격차를 심화시키는 제도로 전락할 수 있다. 진정한 교육 개혁은 제도 설계가 아니라, 모든 학생에게 동등한 기회를 실질적으로 보장하는 정책의 세밀함에서 출발해야 한다.

2025년 8월 11일, 아시아타임즈, 양혜랑 기자,
"불평등한 교육… 알면서도 적극 대응 못하는 정부" 기획 기사를 위하여
저자가 인터뷰한 내용을 요약

오래된 임용절벽,
교사의 눈물에서 교육의 새 길을 찾아야 한다

교대에 입학하면 '선생님이 된다'는 말은 이제 옛말이 되었다. 교대를 졸업해도 절반 이상이 임용시험에서 탈락하고, 어렵게 합격하더라도 학교가 교사를 뽑지 않아 또 한 번 좌절한다. 교대 졸업생의 눈물은 개인의 문제가 아니라, 지역과 학제별 교사 수급 불균형이 만들어 낸 구조적 문제다.

지금의 교원정책은 도시와 농촌의 현실을 따라가지 못하고 있다. 도시는 임용 대기자가 넘쳐나지만, 농촌·도서 지역은 교사 부족으로 수업 공백이 생긴다. 정부는 학령인구 감소를 이유로 교원 총량 감축 기조를 유지하지만, 지역·과목·학제별 수요 차이를 반영하지 못해 현장의 불균형은 더 깊어지고 있다.

이제는 단순히 남는 교사를 부족한 지역에 '옮겨 꽂는' 방식으로는 문제를 해결할 수 없다. 교원 수급은 학생의 학습권 보장, 교사의 전문성 강화, 지역 균형 발전이라는 세 가지 목표를 동시에 달성해야 하는 복합적 과제다. 이를 위해선 '총량 조정'이 아닌 '수요 맞춤형' 정책으로의 대전환이 필요하다.

단기적으로는 농촌 근무 기피를 해소할 인센티브가 절실하다. 관사·주거·보육 지원, 승진 가점, 가족 동반 근무 같은 현실적 보상을 패키지로 제공해야 한다. 중기적으로는 지역 출신 인재를 선발·양성해 일정 기간 의무 복무를 부여하는 '지역 기반 교원 양성 트랙'을 도입해야 한다. 장기적으로는 전국 단위 '순환교원단'을 만들어 교사가 정규 신분을 유지한 채 일정 기간 농촌·도서 지역에서 근무하도록 하고, 이후 원 소속지로 복귀할 수 있는 제도를 설계해야 한다. 이런 제도는 강제 배치가 아니라, 경력 개발과 전문성 확장의 기회로 설계되어야 한다. 일본·독일·핀란드처럼 순환·파견 제도를 실질적 보상과 연계하면 교사의 자발적 참여를 끌어낼 수 있다.

또한 교원 정책은 학령인구만이 아니라 '실질적 교육수요'를 기준으로 설계되어야 한다. 과목별 개설률, 지역별 학생 선택권, 학교별 수업 공백률을 핵심 성과지표로 삼아야 하며, 교사 배치를 '총량'이 아닌 '질적 수요' 중심으로 재편해야 한다. 교사는 단순한 지식 전달자가 아니라, 학생이 삶과 진로를 설계하도록 돕는 촉진자다. 그렇기에 교사에게 다양한 학교와 지역을 경험할 기회를 제공해야 교육의 시야가 넓어진다. '순환교원단'은 교사의 전문성과 국가의 교육균형을 함께 높이는 제도적 장치가 될 것이다.

오래된 임용절벽을 넘어서는 길은 더 많은 교사를 뽑는 것이 아니라, 교육을 설계하는 방식을 바꾸는 것이다. 이제는 눈물을 흘리는 교사와 배우지 못하는 학생 모두를 위해, 정부가 교원정책의 패러다임을 '감축'에서 '균형과 수요'로 전환할 때다.

2025년 9월 5일, 아시아타임즈, 양혜량 기자의 기획기사,
"임용 감축 아닌 '수요 맞춤형' 교원정책으로 전환해야"에서 인터뷰한 내용을 정리한 글

[특수교육]

한국육영학교 전공과 교실 증축의 문제, 장애인의 학습권 현황을 돌아보다

한국육영학교는 서울 송파구 장지동에 있는 교원 56명, 학생 189명이 있는 1992년 9월 23일에 설립된 학교이다. 본교는 아이코리아 재단이 설립한 바 있었으나 본교에 대한 불입금은 0원인 「장애인 등에 대한 특수교육법」에 따른 「교육기본법」 제18조에 따라 국가 및 지방자치단체가 장애인 및 특별한 교육적 요구가 있는 사람에게 통합된 교육환경을 제공하고 생애주기에 따라 장애 유형, 장애 정도의 특성을 고려한 교육을 실시하여 이들이 자아실현과 사회통합을 하는 데 기여함을 목적으로 하는 특수교육기관이다.

서울 송파구의 유일한 특수학교인 한국육영학교가 고등학교 졸업 후 진로·직업교육을 위한 전공과 운영에 필요한 교실 증축 예산이 14년째 미이행되면서 발달장애 학생들의 학습권 침해 논란이 제기되고 있다. 한국육영학교는 지난 2011년 「장애인 등에 대한 특수교육법」에 따라 전공과를 신설했으나, 서울시교육청과 강동송파교육지원청이 증원에 대해 약속했었던 교실 증축 예산 지원이 지연되면서 좁은 교실에서 많은 학생들이 수업을 받고 있다. 「장애인 등에 대한 특수교육법」상 장애아동과 청소년 등 장애인에 대한 특수교육은 국가가 지원해야 함에도 1992년 설립 당시 한국육영학교가 사립학교였다는 사실만으로도 어떤 지원도 하지 않고 있다는 사실이 드러난 셈이다.

위와 같이 한국육영학교는 1992년 9월 23일에 설립되었으나 2008년 12월, 유엔 '장애인권리에 관한 협약(CRPD)'을 국회에서 비준하여 2009년 1월 10일 자로 국내에서 정식으로 발효하기 위해 「장애인 등에 대한 특수교육법」이 2008년 5월 26일 급하게 제정되었기 때문에 그 이전에 만들어진 특수학교는 「사립학교법」에 근거하여 설립될 수밖에 없었다. 또한 2008년 이후 실질적으로 한국육영학교는 특수교육대상자를 대상으로 의무교육 등을 제공하다 보니(의무교육 등은 만 3세부터 만 17세까지이고 전공과와 만 3세 미만의 장애영아교육은 무상교육이다. 법 제3조 제1항, 제2항) 의무교육과 무상교육에 드는 비용은 대통령령으로 정하는 바에 따라 국가 또는 지방자치단체가 부담하여야 함이 당연하다.[3)]

2008년 「장애인 등에 대한 특수교육법」은 제정되었으나 그 이전에 설립되었다는 이유로 어떤 지원도 받지 못할 뿐 아니라 일정한 규격을 갖추지 못한 경우 각종 교육프로그램 지원비도 받지 못하고 있다. 아

---

3) 장애인 등에 대한 특수교육법 제3조 의무교육 등 ③ 제1항에 따른 의무교육 및 무상교육에 드는 비용은 대통령령으로 정하는 바에 따라 국가 또는 지방자치단체가 부담한다.

예 신청 자격이 되지 않아 겹겹이 차별은 심각한 수준에 이르고 있었다. 현재 전공과 학생들은 중·고등학교 교육 공간 일부를 임시로 활용하고 있어 기존 재학생들의 학습권까지 영향을 받고 있으며, 진로·직업교육은 물론 등교 시 제대로 앉을 공간조차 부족한 실정이다.

이에 2025년 5월 30일 아들 학교 학부모회장으로 선출된 나는 국민권익위원회에 민원을 접수하고 서울시의회에 청원 제출을 위한 시민서명 운동도 진행하였다. 발달장애 학생들은 비장애인 학생들이 한 번이면 배울 것을 반복 학습해야 함에도 불구하고 아예 교육의 기회조차 제대로 주어지지 않도록 교육청이 배려하지 않고 있는 것이다. 비장애인 학생들에 비해 턱없이 적은 지원뿐만 아니라 필수인 생존수영과 AI 교과서 도입조차 논의되지 않았다. 발달장애 청년들에게 있어 졸업 후 진로 및 사회화 교육은 단순한 학습이 아닌 사회 진입의 기초이다. 교육당국은 약속한 시설 지원을 더 이상 미뤄서는 안 될 것이다. 한편, 송파구는 서울 25개 자치구 중 인구 1위, 장애인 인구 또한 가장 많은 지역임에도 불구하고, 특수학교는 한국육영학교 단 한 곳뿐이며, 발달장애인을 위한 복지시설도 인성장애인복지관 1곳에 불과하다.

해당 복지관 역시 시설이 협소하고 직업·진로교육 인프라가 부족해, 졸업 이후 교육 연계나 건강관리 측면에서도 발달장애인들이 지속적인 어려움을 겪고 있다는 지적이 이어지고 있다.

특수교육 대상자들이 졸업 이후에도 지역사회 내에서 안정적으로 교육과 사회화 과정을 이어가려면 인프라 확충과 정책적 관심이 병행돼야 한다. 더 이상 장애인이 비장애인의 벌금 내지 않는 도구나 수단으로 이용되어서는 안 된다. 제대로 사회화할 수 있는 학령기교육과 평생교육 설계 없이 사회통합을 요구하는 것은 너무 가혹하다. 이후 교육청 측은 예산 확보 및 부지 문제 등 다양한 조건을 고려해 종합적으로 검토 중이며, 현장 상황을 반영해 단계적 개선 방안을 고려 중인 것으로 알려졌다. 또한 국민권익위원회 이명호 조사관(도시공학 박사)은 "이 도시는 그 누구의 도시도 아니라 모두의 도시이며 비장애인이 아니라 장애인도 학습환경을 조성할 수 있도록 노력하겠다"라고 하였다.

이후 송파구의회 이혜숙 의장은 한국육영학교 발달장애 학생들이 스스로 자신의 권익을 보호할 수 없는 부분에 대해 송파구가 좀 더 배려하지 못해 송구하다고 하였으며, 더 나아가 송파구의회가 기초타당성 연구용역을 수행할 수 있는 추계비용을 안건으로 상정하겠다고 밝혔다.

서울시의회 이성배 의원과 송파구의회 박종현 의원 역시 발달장애 학생들이 교실과 학습환경의 불편에 대해 매우 안타깝게 생각하며 예산을 확보할 수 있도록 보다 노력하겠다고 밝혔다. 국민권익위원회 윤철환 위원장은 9월 24일, 한국육영학교를 방문하여 좋은 조정안을 관계 부처에서 제시할 수 있도록 돕겠다고 밝혔다.

「장애인 등에 대한 특수교육법」 제4조 제2항은 "국가, 지방자치단체 등은 장애인의 특성을 고려한 교육시행을 목적으로 함이 명백한 경우 외에는 특수교육대상자 및 보호자를 차별하여서는 아니 된다"라고 규정하고 있다. 그런데 일반 국·공립학교와 달리 의무교육과 무상교육

의무가 있는 교육에서 「장애인차별금지 및 권리구제 등에 관한 법률」 제4조 제1항 제3호에 따라 정당한 사유 없이 장애인에 대하여 정당한 편의 제공을 거부하는 경우에는 '직접적 차별에 해당'한다고 해석된다. 우리 자녀들만 사립학교에 다닌다는 이유로 특수학교 학급 기준에 위법한 교실에서 직접적 차별을 겪는 것은 인정할 수가 없다. 교육부와 서울시교육청은 조속한 시일 내에 한국육영학교 학생과 교사의 환경을 개선해야 하며 적법하고 적절한 교실을 제공하여 장애인 학생들의 직접차별을 멈추길 바란다.

한편 국립특수교육원, 서울시교육청 서울열린데이터광장에서 보건대, 서울시 관내 총 32개 특수학교 중 국립 2곳(서울맹학교, 서울농학교)과 공립 11곳(서울경운학교, 서울광진학교, 서울다원학교, 서울도솔학교, 서울정문학교, 서울정민학교 등), 사립 18곳(한국우진학교, 서울서진학교, 서울정인학교 등) 중 '교실 등 환경에서 특수학교 설치 및 설비령을 지키지 않고 있는 학교는 한국육영학교뿐'이라는 사실이 매우 안타깝다.

2025년 6월 14일, 검경합동신문 유강렬 기자와의 인터뷰 내용

[특수교육]

“같이 배우는 학교는 어디에” 특수교육발전계획, 중간 점검이 필요하다

2024년 개정된 「장애인 등에 대한 특수교육법」은 분명히 말한다. 장애학생도 통합교육 환경에서 생애주기별 맞춤형 교육을 받아야 하며, 이를 통해 자아실현과 사회통합에 이바지해야 한다고. 「장애아동복지법」 역시 조기 발견과 개입, 발달재활, 보조기기 제공, 가족지원 등 지속적이고 통합적인 지원체계를 강조한다. 교육부의 제6차 특수교육발전계획(2023~2027)은 한 걸음 더 나아가, 장애 유형과 정도에 맞는 맞춤형 특수교육을 실현하고, 통합교육 환경 조성 및 진로·직업교육 강화를 주요 과제로 제시했다.

하지만 우리가 마주한 교육 현장의 풍경은 이러한 선언과는 여전히 거리감이 있다.

특수학교는 ‘학교’로서의 학력조차 온전히 인정받지 못하는 경우가 많다. 일부 사립 특수학교는 「초·중등교육법」상 학력 인정 조건에 미달하는 시설기준과 운영 구조로 인해, 졸업 후에도 공교육의 학력으로 인정받지 못하는 상황에 놓인다. 이는 장애학생의 교육을 본질적으로 열등하거나 부차적인 것으로 간주하는 구조적 차별이다.

일반 학교의 특수학급(도움반)에서도 소외는 반복된다. 공개수업이나 행사 때면, 특수교육 대상 학생들에게 등교하지 말라는 통보가 내려오는 경우도 있다. '보여주기식 수업'에 맞춰 '보이지 않아야 할 아이들'로 밀려나는 아이들. 통합교육의 이상이 무색해지는 현실이다.

심지어 특수학급 학생에게 '절대 교실 밖으로 나가지 말라'는 지침이 내려오기도 한다. 같은 공간에 있지만, 실제로는 분리된 교육이 진행되고 있다. 때로는 장애학생이 가장 두려워하거나 힘들어하는 방식으로 벌을 받는 일도 존재한다. 이런 일이 비장애학생에게도 가능했을까?

장애학생의 학습권은 단순한 배려의 문제가 아니다. 헌법이 보장하는 평등권과 교육권의 핵심이다. 입학 기회만 제공한다고 학습권이 보장되는 것이 아니다. 같은 공간에서, 같은 시선으로, 같은 배움의 주체로 인정받을 때 비로소 학습권은 실현된다. 그러나 지금 한국의 많은 특수교육대상 학생들은 이름만 통합된 학교에 소속되어 있을 뿐, 실질적인 교육 참여에서는 배제되어 있다.

특수학교의 시설 열악 문제는 또 다른 차별로 이어진다. 서울 송파구의 육영학교는 1992년에 설립된 사립 특수학교다. 「장애인 등에 대한 특수교육법」이 제정된 2008년 이전 개교했다는 이유만으로, 법정 무상교육 기준의 사각지대에 머물러 있다. 교실 면적이 법정 기준(66

㎡)의 3분의 1 수준인 22㎡에 불과한 교실도 있다. 이러한 현실은 해당 학교 학생들이 각종 직업교육이나 진로체험 프로그램을 신청조차 할 수 없게 만든다. 면적 기준 미달로 프로그램 신청 요건조차 충족하지 못하기 때문이다.

제도상 특수학교는 사립이라 하더라도, 특수교육 대상자는 국공립과 동일하게 무상교육 대상이다. 그러나 현재는 제도적 사각지대 속에서 수년째 방치된 채 차별을 감내하고 있다. 이는 시설과 설립 시기에 따라 학생의 교육권이 달라지는 기형적인 결과를 초래하고 있다.

더불어, 정서적 학대나 폭력에 대한 대응 체계도 미비하다. 2018년 서울 인강학교에서는 교사와 사회복무요원이 장애학생에게 고추냉이를 억지로 먹이고, 캐비닛에 가두는 등 충격적인 사건이 있었다. 그 이후로도 여러 사건이 수면 위로 떠올랐지만, 학교 안에서의 정서적 학대에 대한 사회적 논의는 여전히 부족하다. '주호민 자녀' 사건 역시 정서적 학대의 본질은 묻히고, 「통신비밀보호법」 위반 여부만 논의되었다.

해외에서는 교사들을 대상으로 장애학생을 위한 정서적 보호 프로토콜이 체계적으로 마련되어 있다. 반면, 한국에서는 교육청 차원의 통합 매뉴얼조차 존재하지 않는다. 학생의 인권을 지키는 마지막 장치인 학생인권조례조차 일부 지역에서는 폐지를 앞두고 있다. 서울시교육청의 경우, 학생인권조례의 효력을 지키기 위해 대법원에 효력정지 신청까지 하는 상황에 놓였다.

의무교육기관인 학교에는 교권 보호를 이유로 CCTV나 녹음 장치

설치가 제한되어 있지만, 장애학생의 보호는 그만큼 섬세한 정책적 고려 없이 방치되고 있는 셈이다.

무엇보다 특수교육은 단순한 복지정책이 아니다. 교육의 본질을 가늠하는 잣대이자, 우리 사회의 민주주의 수준을 드러내는 척도다. 약자를 위한 교육환경의 개선은 시혜가 아닌 의무이며, '같이 배움'은 우리가 교육을 통해 지향해야 할 핵심 가치다.

우리는 "함께 배우는 학교"를 말하지만, 여전히 "분리된 교실" 속에 아이들을 두고 있다. 학교가 학교답기 위해, 가장 먼저 돌아보아야 할 존재는 소외된 이들이다. 그리고 그들의 배움이 곧 우리 모두의 성장이라는 점을 잊지 않아야 한다.

2025년 7월 8일, 뉴스픈 기고문

가짜뉴스 시대의 도전…
디지털 교육의 새 패러다임을 짜야 한다

2025년 6월 24일 고민정 의원이 대표 발의한 「디지털 기반의 원격교육 활성화 기본법」 개정안은 학생들이 활발하게 사용하는 유튜브, 인스타그램 등 SNS에 이른바 '가짜뉴스'와 같은 허위 정보 또는 사실관계가 다른 정보가 포함된 콘텐츠가 확산됨에 따라 학생들이 왜곡된 정보에 무분별하게 노출되고 이를 비판 없이 그대로 받아들일 가능성도 높아지고 있어 이를 보완하기 위한 내용을 중심으로 하고 있다.

현행법도 학교에서 디지털 미디어 문해 교육을 실시하도록 하고 있지만, 문제는 실행력이다. 교육 현장에는 체계적인 계획도, 예산도, 전문 인력도 부족하다.

결국 아이들은 정보를 제대로 걸러내지 못한 채 '사실처럼 보이는 거짓'을 받아들이고, 이는 학업은 물론 사회 전반의 민주적 가치관 형성에도 부정적 영향을 미칠 수 있다.

이번 개정안은 이 같은 우려를 반영해 교육부장관이 관계 부처와 협의하여 5년마다 기본계획을 수립·시행하도록 하고, 각 시도 교육감이 지역 여건에 맞는 연도별 시행계획을 마련하도록 의무화했다. 더 나아가 국가와 지방자치단체가 필요한 예산과 인력을 확보하도록 명문화하고, 유아 및 초중등 교육과정에 디지털 미디어 문해 내용을 포함할 수 있도록 국가교육위원회와의 협력 체계도 규정했다. 취지는 분명하다. 하지만, 법안의 실효성을 높이기 위해 몇 가지 보완 과제가 필요하다.

첫째, 전문 교사 양성과 현직 교원 대상 연수가 반드시 뒤따라야 한다. 디지털 문해력은 단순히 컴퓨터 사용법을 가르치는 수준이 아니라, 알고리즘 이해, 정보의 출처 비판, 미디어 윤리까지 포함하는 고차원적 교육이다. 교사에게 이런 내용을 가르칠 수 있는 역량이 없다면, 법은 선언에 그칠 수밖에 없다. 둘째, 사교육화의 우려도 배제할 수 없다. 공교육 현장에서 디지털 문해 교육이 부실하게 이루어진다면, 부모들은 결국 사설 교육에 의존할 수밖에 없고, 이는 또 다른 교육격차를 야기할 수 있다. 이를 방지하려면 국가 차원의 표준 교육 콘텐츠와 플랫폼이 신속히 구축되어야 한다. 셋째, 문화체육부와 교육부의 협력 체계가 명확히 정리되어야 한다. 국가교육위원회에 교육과정 반영을 요청할 수 있도록 문화체육부장관의 역할을 규정한 것은 협업을 유도하려는 의도지만, 부처 간 역할이 중첩되어 혼선을 초래할 가능성도 존재한다. 명확한 역할 구분과 협업 프로토콜이 필요하다. 제대로 된 디지털 미디어 문해 교육을 위해서는 AI 교과서 도입 때의 혼선과 달리 전제 조건이 중요하다.

첫째, 전문 교사 양성과 교원 연수로 단순히 과목을 만드는 것이 아니라, 디지털 리터러시 교육을 담당할 전문 교사를 양성하고, 현장 교원들에게 비판적 사고, 미디어 제작 윤리, 알고리즘 이해 등 통합형 연수를 제공해야 한다. 둘째, 표준화된 교육 콘텐츠 개발이다. 지역 간 격차를 줄이기 위해 국가 차원에서 표준화된 교육자료 및 온라인 플랫폼을 개발하고, 교실에서 쉽게 활용할 수 있도록 해야 한다. 셋째, 학생 참여형 프로젝트 중심 학습을 증가시켜야 한다. 단순 이론 전달식 교육이 아니라, 학생 스스로 팩트 체크, 영상 제작, SNS 뉴스 해석 활동에 참여하도록 하는 실천 중심 프로그램이 필요하다. 넷째, 지속적인 모니터링과 평가이다. 기본계획 및 시행계획이 수립되더라도, 그 이행 여부와 효과성에 대한 주기적인 평가체계가 마련되지 않으면 유명무실한 정책이 될 우려가 크다.

디지털 시대의 시민은 단순한 '정보 소비자'가 아닌 '정보 해석자'이자 '의사결정자'다. 특히 미래를 이끌어갈 학생들에게 이러한 능력을 길러주는 것은 이제 선택이 아니라 필수다.

가짜뉴스에 휘둘리는 사회가 아닌, 비판적 사고로 미래를 여는 시민을 키우는 일. 그 출발점은 바로 교실 속 디지털 문해 교육을 제대로 수행할 국가의 의지에 달려있다.

2025년 7월 1일, 뉴스핌 기고문

AI 리터러시 교육이 매우 시급하다

생성형 AI는 인간이 입력한 지시어를 바탕으로 텍스트, 이미지, 음악과 같은 다양한 창작물을 자동으로 만들어내는 기술이다. 최근 ChatGPT, 미드저니, 스테이블 디퓨전 등 여러 서비스가 확산되면서 교육, 예술, 산업 현장 전반에 걸쳐 활용 가능성이 빠르게 넓어지고 있다. 생성형 AI는 인간의 창의성을 보완하고 새로운 아이디어를 제공하며, 반복적이고 시간이 많이 드는 작업을 효율적으로 처리하여 생산성을 크게 높일 수 있다는 점에서 큰 장점을 지닌다. 특히 교육 분야에서는 학생 개개인의 수준과 학습 스타일에 맞춘 맞춤형 자료 제공이 가능해져 자기주도적 학습을 촉진하고 학습 참여도를 높일 수 있다는 기대도 있다.

그러나 생성형 AI의 확산은 동시에 여러 윤리적 문제를 야기한다.

우선 AI가 만들어낸 창작물의 소유권과 저작권이 누구에게 귀속되는지에 대한 법적 공백이 여전히 존재한다. 실제로 미국과 유럽에서

AI가 만든 그림이나 음악의 저작권 등록이 거절된 사례가 나타났으며, 우리나라의 「저작권법」 역시 인간의 창작성을 전제로 하고 있어 AI 산출물은 권리 보호에서 벗어나 있다. 이는 AI를 활용하기는 하였으나 그것을 활용한 산출물도 인간의 노동인데 전혀 보호할 수 없는가 하는 문제를 야기한다.

다음으로 생성형 AI는 학습 데이터 속 편향을 그대로 반영할 가능성이 높아 사회적 약자에 대한 차별적 결과물을 낳을 수 있다. 더 나아가 허위 정보를 사실처럼 생성하는 이른바 '할루시네이션' 현상은 학생이나 일반 시민이 잘못된 정보를 사실로 믿게 만들 위험이 크다.

딥페이크 영상이나 음성은 특정 인물의 명예와 초상권을 침해하고 사회적 혼란을 불러일으킬 수 있으며, 이 과정에서 개인의 프라이버시 침해와 개인정보 유출 문제가 심각하게 제기된다.

결국 생성형 AI의 발전은 사회적 신뢰, 민주적 질서, 인권 보장과도 직결되는 민감한 문제를 동반하고 있다. 그러나 모든 기술에는 양면이 존재한다. 또한, 이러한 기술을 사용하는 데 있어서 일찍이 교육 분야에서 몇 가지 대응이 필요하다.

무엇보다 학생들이 생성형 AI를 비판적으로 이해하고 활용할 수 있도록 AI 리터러시 교육을 강화해야 한다. 단순히 기술을 사용하는 방법을 배우는 것을 넘어 AI의 장점과 한계, 그리고 윤리적 위험까지 균형 있게 학습하도록 하는 교육이 필요하다.

또한 AI에 대한 전적인 의존을 막기 위해 기존 교수·학습 방식과 AI 활용을 병행하는 것이 바람직하다. 더 나아가 학생들이 과제나 학습

활동에서 생성형 AI를 활용할 때는 출처를 명확히 표기하고, 반드시 사실 검증을 거치도록 하는 등 구체적인 윤리적 활용 지침을 마련해야 한다. 사회 전반에서도 제도적 대응이 뒷받침되어야 한다. 먼저 저작권과 개인정보 보호와 같은 기존 법제를 보완하여 AI 생성물의 권리 주체와 책임 주체를 명확히 규정할 필요가 있다.

아울러 유네스코의 AI 윤리 권고안이나 유럽연합의 AI 법과 같은 국제 규범과 조화를 이루면서 한국의 실정에 맞는 AI 윤리 기준을 정립해야 한다. 기업 역시 사회적 책임을 다해야 하며, 알고리즘 편향을 개선하고 데이터 보안을 강화하며 투명성 있는 보고 체계를 마련해야 한다. 생성형 AI는 교육과 사회를 혁신할 수 있는 잠재력을 지닌 강력한 도구이지만, 동시에 저작권, 프라이버시, 편향, 허위 정보와 같은 윤리적 문제를 안고 있다.

따라서 교육 현장에서는 디지털 리터러시와 병행 교육을 강화하고, 사회 전반에서는 법적·제도적 기반과 윤리적 기준을 마련하는 것이 필수적이다. 무엇보다 중요한 점은 기술이 아닌 인간이 주체라는 사실을 잊지 않고, 생성형 AI를 도구로서 균형 있게 활용하는 자세를 확립하는 것이다.

2025년 8월 26일, 뉴스픈 기고문

제2장

정보보안과 법

디지털 증거 위조 논란… 법적 미비점 보완해야 한다

최근 국내 민형사 재판에서 디지털 증거의 위조 가능성과 그 증거능력을 둘러싼 논쟁이 활발하게 전개되고 있다.

특히 '문서 송달 시스템 로그기록'의 진본성에 대한 의혹이 제기된 사건은 2021년 사립대 강사 표창장 위조 의혹사건 이후에도 전혀 법 개선이 없었던 디지털 포렌식의 절차적 정당성과 법적 요건의 미비점을 여실히 드러낸 대표 사례라 할 수 있다.

해당 사건에서는 수사기관이 압수한 PC의 시스템 로그파일이 포렌식 분석의 핵심 근거로 활용되었으며, 법원은 이 로그파일이 전자정보 목록에 포함되지 않았더라도 전체 수집·분석 절차가 정당하다면 증거능력을 인정할 수 있다고 판시하였다.

이는 디지털 증거 수집과 관련된 실체적 진실 발견의 중요성을 인정한 것이지만, 동시에 적법절차의 기준을 보다 명확히 할 필요성을 강하게 시사한다.

첫째, 디지털 증거 목록화 의무의 명확화가 필요하다.

현행 「형사소송법」 체계는 전자정보 압수 시 '전자정보목록'을 작성하도록 하고 있으나, 로그파일이나 시스템 캐시 등 간접 증거의 기재 여부에 대한 명확한 기준이 없다. 이에 따라 로그파일이 목록에 누락되었을 경우 증거능력을 배제할 것인지에 대한 판단 기준이 모호하며, 이로 인해 법적 분쟁이 발생하고 있다. 향후 '간접 디지털 증거'의 정의와 목록 기재 의무를 법률 또는 시행령 수준에서 구체화할 필요가 있다.

둘째, 디지털 포렌식 절차의 국가표준화가 시급하다.

사설 분석기관과 수사기관 간 포렌식 절차의 일관성 부족은 증거의 신뢰성을 훼손할 수 있다. 압수물 복제본의 해시값 보존, 분석 전후의 작업기록 관리, 사후감사의 투명성 확보 등은 국제 기준(NIST SP 800-86 등)을 참고해 국가 차원의 '디지털 증거 처리 절차 표준안'을 마련해야 할 영역이다.

셋째, 법원 내 디지털 감정체계와 피고인 측 열람권을 보장해야 한다.

현행 제도하에서는 판사나 변호인이 전문적인 디지털 분석 내용을 이해하고 검토하기 어렵다. 이에 따라 법원 내에 디지털 감정관 제도를 신설하거나, 중립적인 디지털 감정기관의 분석을 의무화하는 방안이 필요하다. 또한 피고인 측에도 포렌식 이미지 복제본을 제공하고, 분석 절차에 대한 열람권을 부여해야 방어권이 실질적으로 보장될 수 있다.

넷째, 「디지털 증거법」 또는 「형사소송법」 내 독립 장(章)의 신설이 검토되어야 한다.

디지털 증거는 기술적 특성상 물리적 증거와 근본적으로 다른 구조를 가진다. 그럼에도 현행 「형사소송법」은 이를 개별 조문에 산발적으로 규정하고 있을 뿐, 통합적 접근은 부족하다. 독일이나 미국과 같이 전자 증거를 위한 독립 법률 혹은 장(章)을 마련하여, 수집·분석·보존·열람·증거능력 판단까지 일련의 절차를 체계적으로 규율할 필요가 있다.

다섯째, 송달 시스템과 같은 공공 디지털 시스템의 로그 보존 및 위변조 방지 체계를 강화해야 한다.

법원, 행정기관, 수사기관 등이 사용하는 송달 및 문서처리 시스템은 국가적 신뢰를 전제로 작동한다. 이에 따라 시스템 로그의 변경 불가능성을 보장하기 위한 블록체인 기반 저장 기술, WORM(Write Once, Read Many) 장비의 도입, 주기적 외부 감사를 병행하는 보안 체계를 마련해야 한다.

디지털 증거는 이제 수사와 재판에 있어 핵심적 위치를 차지하고 있다. 그러나 기술의 신속한 발전에 비해 법 제도의 정비는 여전히 더디다. 디지털 증거의 진정성과 절차적 정당성 확보는, 단순히 증거 채택의 문제를 넘어서 국민의 기본권 보장과 사법 신뢰의 핵심 요소로 작용한다. 이제는 디지털 증거에 대한 법적 대응도 '정밀하고 투명한 절차'라는 원칙을 중심으로 재설계되어야 할 시점이다.

2025년 6월 18일, 뉴스핌 기고문

디넷 사건 이후,
디지털 증거 '무관정보' 통제 입법 시급하다

최근 대법원은 이른바 '디넷(D-NET) 사건'을 계기로 디지털 증거 수집과 보관의 한계를 명확히 했다. 대검찰청이 운영하는 전국 디지털 수사망 D-NET은 전국 검찰청에서 압수된 전자정보를 통합 관리하는 시스템이다. 그러나 휴대전화 등 저장매체를 통째로 복제(이미징)해 장기간 서버에 보관하면서, 사건과 무관한 개인정보와 통신기록까지 삭제하지 않는 관행이 논란이 됐다. 법원은 "무관정보를 그대로 보관하는 것은 헌법상 영장주의에 반한다"(대법원 2024. 4. 16. 선고 2020도3050 판결)라고 판단했다.

문제가 된 사건은 이른바 '선거전 수사 지연 청탁·공무상비밀누설 사건'으로 수사기관은 「국토계획법」 위반 사건에 대한 제1 영장으로 공무원의 휴대전화를 압수해 이미징 파일을 D-NET에 업로드했다. 이후 파일을 탐색하던 중 「청탁금지법」 위반과 공무상비밀누설 혐의와 관련된 녹음파일과 문자메시지를 발견했지만, 별도 영장 없이 1~3개월간 이를 탐색·복제·출력하며 수사를 진행했다. 그 뒤 뒤늦게 D-NET 복제본을 대상으로 제2·제3 영장을 발부받아 집행한 행위가 위법의 핵심이 됐다.

대법원은 전자정보 압수·수색에서 허용되는 것은 '유관정보'에 한정된다고 분명히 했다. 우연히 무관정보를 발견했다면 즉시 탐색을 중단하고 새로운 영장을 받아야 한다는 것이다. 이미 제1 영장 집행이 끝났다면 무관정보는 즉시 삭제·폐기·반환되어야 하며, 복제본 전체를 다시 탐색하는 행위는 영장 없이 수색한 것과 다르지 않다고 판단했다. 나중에 추가로 발부받은 영장으로도 하자는 치유되지 않는다. 이미 삭제되었어야 할 영역을 대상으로 한 수색이기 때문이다. 대법원은 또한 위법하게 수집된 무관정보뿐 아니라 이를 토대로 수집한 2차적 증거 역시 증거능력이 없다고 판시하며, 원심을 파기환송했다.

이번 판결은 디지털 포렌식 절차의 구조적 문제를 드러낸다. 현행 「형사소송법」은 전자정보 압수·수색의 특수성을 규정하지 않아, 수사기관 내부 예규에만 의존하는 관행이 자리 잡았다. 그 결과 사건과 무관한 개인정보·통신기록이 장기간 보관되고, 별건 수사에 재활용되는 위험이 상존하는 것을 보여주었으므로 이제는 입법적 대응이 필요하다.

첫째, 수사기관이 디지털 저장매체나 복제본을 대상으로 영장을 청구할 때 압수·수색 방법·범위·선별절차를 담은 '집행계획서'를 첨부하도록 법률에 명시해야 한다. 둘째, 무관정보 탐색 중단 및 별도 영장 의무를 「형사소송법」에 규정해, 영장주의를 실질화해야 한다. 셋째,

D-NET 등 서버에 저장되는 복제본의 보관기간 상한과 자동폐기 절차, 접근통제·로그기록 의무를 법률로 명문화해야 한다. 넷째, 독립 감사제도와 사후보고제도를 마련해 디지털 증거 관리의 투명성을 높여야 한다. 기술의 편의가 법의 원칙을 넘어서는 순간, 영장주의는 형식에 그친다.

무관정보 자동폐기, 복제본 재탐색 금지, 감사와 통제의 제도화가 시급하다. 디지털 증거 수집과 인권보호의 균형을 법으로 담아낼 때, 비로소 국민의 기본권이 지켜지고 형사사법의 신뢰가 회복될 것이다.

2025년 11월 11일, 뉴스핌 기고문

[사이버안보]

국가사이버안보법 제정…
효율적 대응체계 마련이 시급하다

그동안 진보적 정치는 한 기관에 힘이 집중되는 것을 견제하여 분야별 전문 거버넌스를 지향해 왔다. 한편 보수적 정치는 거대한 대조직을 탄생시키는 전문 거버넌스를 지향해 왔다.

그러나 사이버 안보의 문제는 진보, 보수의 문제가 아니라 우리 국가존립의 문제이다. 2006년부터 국회에서 관련 입법 활동이 꾸준히 이어졌음에도 국회 회기 만료 속 폐기됐던 "국가사이버안보기본법" 제정은 지금 제정되어도 오히려 늦은 감이 있다.

기존 법안은 대통령실 소속의 국가사이버안보위원회를 설치하고, 국가정보원 산하에 통합대응 조직을 두어 사이버 위협에 대응하도록 하고 있다.

그러나 시민단체들은 국정원이 민간 정보통신망까지 조사할 수 있는 권한을 갖게 되어 민간 사찰의 우려가 있다고 지적하고 있으며 이에 대해 국정원은 법원의 허가 없이 정보를 수집할 수 없으며, 긴급한 경우에도 사후에 법원 허가를 받아야 한다고 반발하고 있다.

그동안 미국조차 사이버 안보에서 가장 획을 그은 입법이라고 평가하는 CLOUD Act(Clarifying Lawful Overseas Use of Data Act)를 2018년 3월 23일 트럼프 대통령이 서명하여 제정되는 데까지 많은 진통이 존재했다.

또한 여전히 많은 기업은 Schrems II 판결 이후 SCC(표준계약조항)를 사용하더라도 수신국의 법제도 위험평가와 추가 보호조치를 필수로 요구하는 것이 당연시되어 가고 있으며 2023년부터 이는 안정세에 들어온 것으로 보인다.

현재 사이버안보와 관련된 법률로 「정보통신망 이용촉진 및 정보보호 등에 관한 법률」, 「정보통신기반 보호법」, 「전자금융거래법」 등 다양한 법률의 중복 및 충돌 가능성이 있으며, 특히 「개인정보보호법」과의 상충 문제가 제기되고 있다.

개인정보보호위원회는 사이버안보법이 우선 적용된다는 조항은 수정이 필요하다고 지적하고 있으나 이는 국가안보와 같은 목적이 우선하는 합목적적 범위 아래 때에 따라 불가피한 부분이 분명 존재한다. 헌법 제37조 제2항에서도 "국민의 모든 자유와 권리는 국가안전보장·질서유지 또는 공공복리를 위하여 필요한 경우에 한하여 법률로써 제한할 수 있으며"라고 규정되어 있다.

국정원이 사이버안보의 컨트롤타워 역할을 맡는 것에 대해 찬반 의견이 갈리는데, 찬성 측은 국정원이 사이버 공격에 대한 분석 및 대응에 있어 최고의 기술력과 노하우를 갖추고 있다고 주장하는 반면 반대

측은 국정원이 민간 영역까지 개입하게 되어 과도한 권한 집중과 민간 감시의 우려가 있다고 지적한다.

그러나 어느 기관이 되더라도 같은 우려가 전혀 없을 거라고 보이지는 않는다. 오히려 전문가가 아닌 기관이 모여 탁상공론처럼 제안한 올해 7월에 시행되는 「전자정부법」의 정보시스템 등급제가 실제로 정보시스템의 안정성과 보안을 강화하는 데 효과적인지에 대해서는 의문의 여지가 있다.

발상은 창의적이나 전 세계적으로 이와 같은 사례를 찾기 어려울 뿐 아니라 등급제의 차이를 뚜렷이 이해할 수 있는 자들이 드물다. 실제로 정보시스템의 안정성과 보안을 강화하는 데 효과적인지에 대한 실증적인 연구와 검토가 필요하며 등급제 도입으로 인한 행정적 부담과 비용 증가에 대한 고려도 필요하다.

국정원의 사이버안보기본법이 지나치게 우려된다면 결국 답은 지혜로운 거버넌스 구축일지도 모른다. 큰 프레임은 동의해도 디테일에서는 서로 생각이 다를 수 있는데 사이버 위협은 공공과 민간을 가리지 않고 발생하므로, 양측의 협력이 필수적이다.

임진왜란 당시 조선왕조실록을 실제 지켜냈던 것은 전주사고의 손홍록, 안위와 같은 민간인으로 국회의 일방적 감시가 아닌 옴부즈만 제도를 만들어 민간의 협력을 받을 수 있는 방법을 꾀하고 정보 공유 체계를 구축하여 사이버전에 우리 모두 대응할 수 있도록 하는 구심점이 필요하다. 나날이 증가하는 사이버 위협에서 분산되어 대응하는 현행 상황은 지나치게 세금낭비적 행태이다.

국가사이버안보기본법의 신속한 제정으로 대통령실 중심의 통합된 대응 체계를 구축하고 전문적인 노하우가 있는 국정원을 통해 정보 공유 및 통합대응 조직 운영에 힘을 실어줄 때이다.

결론적으로, '국가사이버안보기본법'은 사이버 위협에 대한 국가 차원의 대응 체계를 강화하려는 목적을 가지고 있지만, 민간 사찰 우려, 기존 법률과의 중복 문제, 국정원의 역할에 대한 논란 등 다양한 쟁점으로 지체되어 왔다. 따라서 미국과 같이 사이버전을 대응할 수 있는 효용성에 보다 집중하되, 공공과 민간의 균형 있는 협력 체계로서 옴부즈만 제도를 독립적으로 구축하는 것이 중요할 것이다.

2025년 6월 10일, 뉴스핌 기고문

스턱스넷 이후의 교훈,
사이버전쟁 시대의 국가보안 전략을 세워라

"적을 제대로 규정해야 싸움을 이긴다."

모든 사이버 공격을 범죄로 규정하면, 국가는 사건이 터진 뒤에만 움직이게 된다. 그러나 그것이 전쟁이라면, 국가는 미리 대비하고 억제해야 한다.

따라서 사이버 위협의 본질을 정확히 분류하는 것은 국가 생존의 문제이자 정책철학의 출발점이다.

오늘날 사이버공간에서 발생하는 위협은 해킹이나 데이터 탈취를 넘어, 국가의 기반을 흔드는 전면적 공격의 형태로 발전하고 있다. 그러나 현실의 대응체계는 여전히 모든 위협을 "사이버 범죄"로 뭉뚱그려 다루고 있다.

이제는 사이버 위협을 '범죄'와 '전쟁'으로 명확히 분류해야 한다. 그것은 단지 개념의 구분이 아니라, 국가 대응체계의 설계 원칙을 달리해야 한다는 전략적 이유 때문이다.

첫째, 위협의 '주체'와 '목적'이 다르다. 사이버 범죄는 대체로 금전적 이익을 노리는 개인·조직의 불법 행위다. 예컨대 랜섬웨어 공격, 개인정보 유출, 금융사기 등이 이에 해당한다. 반면 사이버 전쟁은 국가 또는 준국가 행위자가 정치적·군사적 목적을 위해 타국의 인프라를 공격하는 행위다. 스턱스넷, 러시아의 우크라이나 전력망 공격, 북한의 가상화폐 탈취 등이 그 전형이다. 즉, 사이버 범죄는 법집행기관의 수사·처벌 대상이지만, 사이버 전쟁은 국가안보기관이 다루어야 할 전략적 위협이다. 두 영역을 동일한 법적 틀로 다루는 것은, 경찰의 수사 절차로 전쟁을 막으려는 것과 다르지 않다.

둘째, 피해의 '범위'와 '영향력'이 다르다. 사이버 범죄의 피해는 특정 기업이나 개인의 손실로 한정되는 반면, 사이버 전쟁은 국가 기반시설을 마비시키고 국민의 생명·안전에 직결된다.

예를 들어 병원의 전산망이 공격받으면 의료 서비스가 중단되고, 발전소나 철도가 공격받으면 도시 전체가 멈춘다. 이러한 공격은 범죄의 차원을 넘어 '국가 기능의 정지'라는 전쟁 수준의 피해를 유발한다. 따라서 사이버 위협의 피해 규모와 파급력을 고려할 때, '범죄'와 '전쟁'을 구분하지 않는 것은 대응 주체와 절차를 모두 왜곡시킨다.

셋째, 법적 근거와 대응 절차가 달라야 한다. 사이버 범죄는 「형법」, 「정보통신망법」, 「전자금융거래법」 등으로 규율되며, 사후 처벌과 증거 확보를 중심으로 작동한다. 반면 사이버 전쟁은 즉각적인 대응과 억제가 필요하며, 국제법적 논의의 대상이 된다. 예컨대 「유엔헌장」 제

51조의 '자위권' 적용 여부, 탈린 매뉴얼(Tallinn Manual)에서 논의된 '사이버 공격의 무력공격성 판단기준' 등은 국가적 차원의 법적 대응 근거다. 또한 NATO의 사이버방위협약 4조, 5조 해석으로 인하여 동맹국도 마음의 준비를 해야 한다. 즉, 사이버 전쟁에 대해서는 사이버 안보법과 국가안보전략법적 체계가 필요하고, 사이버 범죄는 형사사법 절차로 관리되어야 한다. 이를 구분하지 않으면, 법적 책임과 대응 명령 체계가 혼란에 빠진다.

넷째, 컨트롤타워의 명확화와 통합전략이 필요하다. 지금 한국의 사이버 대응체계는 국정원, 경찰청, 과기정통부, 국방부가 각각 일부 기능을 수행하지만 통합지휘체계가 부재한 상태이다.

만약 사이버 위협을 명확히 두 가지로 나눈다면, 사이버 범죄 영역은 경찰청·과기정통부 중심의 수사·복구 체계로, 사이버 전쟁 영역은 국정원·국방부 중심의 국가안보 전략체계로, 이원화하되 상호 연계하는 구조로 재편할 수 있다. 이는 단순한 행정 분류가 아니라, 위기 대응 속도와 법적 권한을 확보하기 위한 국가보안 거버넌스의 핵심 설계 원칙이다.

"사이버 위협은 하나지만, 그 본질은 둘이다." 단국대 융합보안학과, 덕성여대 사이버보안학과, 폴리텍대학교 클라우드컴퓨팅학과 등 필자가 이와 같은 강의를 하고 있으나 학과의 커리큘럼을 벽에 붙여놓고 살펴보면 사이버 보안에 있어 사이버 범죄와 사이버 전쟁을 구별하여 인식하는 교육과정은 아닌 것으로 보인다.

2010년 6월, 전 세계를 충격에 빠뜨린 '스턱스넷' 바이러스 사건은 단순한 해킹이 아니라 사이버전쟁의 서막이었다. 이 악성코드는 이란 나탄즈 핵시설의 원심분리기를 교묘하게 조작하여 물리적 파괴를 일으켰다. 스턱스넷은 단 한 줄의 코드로 산업제어시스템을 정지시킬 수 있다는 것을 보여주었고, 디지털 공격이 곧 국가 기반시설을 마비시키는 실질적 무기임을 입증했다. 이후 전력망, 수자원, 교통체계, 방위산업체 등 국가 핵심 인프라는 더 이상 해커의 단순한 표적이 아니다.

그것은 적대국이나 테러 조직이 국가 기능을 마비시키기 위한 전략적 표적이다. 2022년 우크라이나 전쟁에서도 러시아는 미사일보다 먼저 사이버 공격으로 통신·전력 시스템을 무력화시켰다. 이는 전통적 군사전보다 먼저 발동되는 '무혈 전쟁'의 대표 사례로 평가된다. 우리 역시 발전소, 철도, 공항, 금융시스템, 병원 등 주요 기반시설의 디지털 의존도가 급격히 높아진 상황에서, 단 하나의 악성코드가 사회 전체의 기능을 정지시킬 수 있는 시대에 살고 있다.

사이버위협은 단순한 기술 문제가 아니라, 국가안보·국민안전의 근간을 흔드는 전략적 위기 요인이 아닐 수 없다. 그럼에도 불구하고 이후 논의되는 사이버 대응체계는 여전히 부처 간 분절적 대응, 사건 후 수습 중심의 구조를 벗어나지 못하고 있다. 국정원, 경찰청, 국방부, 과기정통부 등 여러 기관이 관여하지만, 명확한 지휘·조정 권한이 불분명하다.

스턱스넷 이후 세계 각국은 국가 단위의 사이버전 통합지휘체계를 구축했다. 미국은 국방부 산하 사이버사령부를 독립 사령부로 승격시키고, 국가안보국과 연계해 사이버작전·정보수집을 통합했다. 일본 또한 2023년 신설된 사이버방위사령부를 통해 자위대·경찰·내각사무국의 역할을 일원화했다.

우리나라 역시 사이버안보를 '기술정책'이 아닌 '국가전략'의 관점에서 재편해야 한다. 대통령 직속의 국가사이버안보위원회(가칭)를 두고, 국정원을 중심으로 경찰청·국방부·과기정통부가 참여하는 통합 컨트롤타워를 구축해야 한다. 위기 발생 시 즉각적인 상황판단과 대응명령이 가능하도록 법적 근거를 정비하고, 민·관·군·정보기관 간 실시간 정보공유 체계를 마련할 필요가 있다.

21세기 국가안보는 '총과 탱크'가 아니라 데이터와 코드가 지배한다. 국가보안전략의 핵심은 예방 중심의 정보공유 체계로서 정부·기업·학계가 위협 정보를 실시간으로 교환할 수 있도록 법적 안전장치를 마련하고 공격과 방어 통합형 전략체계, 즉 단순 방어가 아니라, 공격을 억제할 수 있는 능동적 대응 역량 확보가 필요하다.

사이버전 대비 훈련 및 인재 양성, 즉 실전 수준의 사이버위기 모의훈련과 전문인력의 전략적 육성이 필요하다. 사이버안보는 곧 국가의 존속 문제와 결부되어 있다. 스턱스넷은 단순한 과거의 사건이 아니라, 지금 우리에게 던지는 경고다. 사이버 공격은 국경을 초월하며, 일상의 전기를 끊고, 공항의 항로를 마비시키며, 병원의 인명을 위협한다.

이는 곧 국가 존속의 문제이자 주권의 문제다. 이제 우리는 "사이버보안은 기술이 아니라 안보"라는 인식 아래, 국가 전체가 하나의 몸처럼 대응하는 통합적 국가보안전략 체계를 마련해야 한다. 스턱스넷이

남긴 교훈은 단 하나, “안보의 미래는 코드 속에 있다”라는 것이다. 이제 우리는 범죄와 전쟁을 구분하는 법제 위에 서야만 스턱스넷 이후의 시대에 맞는 진정한 국가보안전략을 세울 수 있다.

2025년 10월 21일, 뉴스핌 기고문

[사이버보안]

망분리 10년,
이제는 유연한 '사이버보안정책 대전환'이 필요하다

2011년 농협 해킹 사건, 2013년 '3·20 사이버테러' 이후, 우리나라는 세계에서 유례없이 강도 높은 망분리 정책을 밀어붙였다. 공공기관은 물론, 금융기관과 에너지 분야까지 물리적 망분리를 의무화하고 ISMS 등 인증 기준에서도 망분리는 핵심 항목이 되면서 망분리는 "보안 최우선"의 기조를 견지해 왔다. 당시에는 정보 유출의 공포와 기술적 미성숙을 고려하면 불가피한 선택이었다.

그러나 10년도 더 흐른 지금, 디지털 전환의 속도는 보안 규제보다 빠르게 진화하고 있다. 클라우드, 원격근무, AI 기반 업무환경이 확산되면서, 물리적 망분리가 어느새 '혁신의 발목'이라는 이름으로 불리기 시작했다. "이러한 보안을 도입하면 사고는 나지 않나?"라는 경영진 앞에 보안팀은 한없이 주눅 드는 것이 사실이다. 2015~2018년의 경우 국가기반시설, R&D기관, 민간 기업으로 망분리가 확대되며 망

연계 솔루션이 함께 보급되었지만 여전히 유연성은 부족했다.

2019년 이후 코로나19와 원격근무 확대, 그리고 클라우드 도입의 가속화로 인해 물리적 망분리에 대한 회의와 예외 요청이 증가했고 2022년 이후 과학기술정보통신부, 행안부는 '논리적 망분리' 및 '예외 적용 가이드라인'을 통해 전환점을 마련하려 노력하고 있다. 기존 망분리 정책은 '보안을 위해 모든 것을 차단한다'는 원칙에 기반했다. 하지만 지금은, 보안을 지키면서도 업무의 민첩성과 혁신을 동시에 추구해야 하는 시대다. 망분리 정책에 대해 모두 동의할 수 없는 이유는 우리가 AI 시대를 맞았기 때문이다. AI는 대용량 학습데이터를 외부로부터 받아야 하고 개발과 영업 등 역동성을 높여야 하는 부서들은 글로벌 협업을 위해 SaaS 도구를 활용해야 할 수밖에 없으며 스타트업은 GitHub, Slack 등 클라우드 기반 협업이 절실하기 때문이다. 그러므로 망분리는 연구·창작·기획 분야 종사자들에게 규제의 이름으로 기능하고 있으며 이제 보안 설계는 상황인지형 보안체계, 즉 AI 기반 침입 탐지, 클라우드 보안 브로커 등 새로운 컨설팅의 세계로 나아가야 한다.

무엇보다도 최근 가장 큰 충격을 준 쿠팡보안사고는 여전히 사이버 보안사고라고 해도 물리적, 관리적 보안사고의 전형인 고전적 인간의 유출심리로 인한 보안사고임을 잊지 말아야 한다. 그러므로 무엇보다도 인간의 심리를 살펴보는 사고대응, '일률 규제'에서 '위험 기반'으로 가야 한다.

모든 기관·직무에 똑같은 망분리 강도를 적용하는 것은 의미 없고

민감정보 처리 수준과 업무 특성에 따라 보안 수준을 차등화하고, 자체 위험 평가를 통한 예외 인정이 필요하다. 그만큼 데이터 가치평가가 보안수준을 결정할 중요한 시점이 온 것이다. 그래서 미래의 사이버보안은 정부 중심의 방법 제안으로 갈 수 없다. 특히 '차단' 중심이 아니라 '감시·추적' 중심으로 일반 범죄와 전쟁 대응방식과 동일하다. 즉, 완벽한 차단이란 존재하지 않는다. AI를 이용하여 보안을 높여야 하는 문서를 구분하고 진위를 구분하며 별도의 보안이 발전할 기회를 소거하는 문제가 아니다. 오히려 사후 추적성과 이상 경우를 감지할 수 있는 감시 가능성을 높이는 방식으로 보안을 재구성해야 하며, 로그 모니터링, 이상행위 탐지 시스템 등 다양한 디지털기술의 발전으로 인간의 긍정적 행동을 지원한 체계를 마련해야 한다.

우리가 일정한 공식인 '망분리 의무화'라는 성공 공식을 겸허히 내려놓고, "그 이후의 보안전략", 즉 통제하고 추적하며 대응할 수 있는 기술을 전격적으로 지원할 때 정보보안의 미래가 열릴 것이다.

2025년 12월 16일, 뉴스핌 기고문

유전정보 국외 이전, 법령 개정이 시급하다

현대사회는 유전자 정보의 급속한 발전과 함께 '데이터 이동'의 흐름을 맞이하고 있다. 특히 정밀의료, 생명공학, 인공지능 기반 유전체 분석 등 기술혁신은 국경을 넘어 유전정보의 공유와 활용을 요구하고 있다.

그러나 유전정보의 국외 이전에는 단순한 데이터 이전을 넘어, 개인의 권리, 국가의 통제, 국제규범의 문제까지 복합적으로 얽혀 있다.

마크로젠, 디엔에이링크, 테라젠바이오, 랩지노믹스, 메디젠후먼케어, 이원생명과학연구원, 제노플랜, 휴먼패스, 툴젠, 엔솔바이오사이언스 등 국내 생물정보학(유전체분석과 검사) 및 유전자 치료 기업 등은 유전정보의 수집과 활용의 문제로 인하여 상당한 어려움을 겪고 있다.

이미 트럼프 정부는 미국의 BIOSECURE Act를 통하여 외국 기업의 미국 내 바이오 데이터 취득 제한 및 미승인 데이터 이전 금지, 유전자 정보의 안보적 중요성을 반영하여 국가안보 위협 예방이라는 목적으로, 모든 기업과 연구소에서 유전정보 관련 엄격한 사전 심사제도를 두었으며, 국내에 데이터 보관을 요구하고 있고 위반 시 강력한 제재 조치(벌금, 사업 금지 등)를 두고 있다.

우리나라도 「개인정보보호법」과 「생명윤리법」의 틀을 유지하되, 유전정보의 독자적 보호체계 구축과 국외 이전 사전 승인제도를 도입하여 유전정보를 국가전략자산으로 보고 국가적 통제 권한을 강화할 필요가 있다. BIOSECURE Act처럼 통합적 데이터 관리 및 국가안보 관점을 반영한 특별법 제정이 유력한 방안일 수밖에 없는 것이다.

미국은 2024년 작성된 BIOSECURE Act 초안 외에도 유전정보를 남용할 수 없는 Genetic Information Nondiscrimination Act(GINA)와 CFIUS(외국인 투자 심사) 및 국가안보 법제가 삼각구도로 받쳐주고 있다.

그러나 휴전 상태인 우리나라에서는 GINA 등에서 "유전정보(Genetic Information)"를 독립적으로 정의 및 보호하는 데 비해 개인정보의 하위 개념인 "민감정보(생체정보 포함)"로 포괄 규정하고 있고, 개인정보 국외 이전 시 통지·동의 요건(보호조치, 계약 체결 등)을 갖추고 상당한 보호 수준만 충족하면 국외 이전이 가능하다.

미국이 사전 정부 승인 의무를 두고 국가안보상 위협 판단 시 미국 국민의 유전자 정보가 국외 이전되는 것을 일체 금지하며 특정 국가(중국 등)에 대한 제한을 두는 것과는 매우 다른 결과가 초래되는 것이다. 마이셀의 대표 소재인 CELMURE™는 정밀한 텍스처와 생분해

성을 갖춘 차세대 균사체 기반 바이오소재다. 비록 생물무기금지협약(Biological Weapons Convention)은 현재도 유효하며 184개국에서 구속력이 있다고 하지만 각국의 연구실과 기업연구소까지 검증하는 체계는 부재한 상황에서 신고와 검증은 자율적, 구체적 절차도 부족한 상황이다.

특히 CRISPR-Cas9 기술은 유전자의 삽입, 제거, 교정이 모두 가능한 기술이므로 날카로운 수술칼과도 같은 기술임을 잊지 말아야 한다. 생명과학 기술 발전 속도를 따라잡지 못하는 규정 속에서 유전정보 수집 및 활용에 관한 개인정보보호법, 생명윤리법, 의료법 논의는 생각보다 활발하지 않다.

전쟁이 발생하면 핵은 마지막 수단이므로 총포화약류를 사용하지 않는 무기로서 생물무기는 매우 유력한 살상 무기임을 잊어서는 안 된다.

세상 모든 사람의 유전정보가 하나도 같지 않기 때문에 유전정보는 표적화할 수 있는 데이터이다. 대한민국 장교 46만과 경찰 13만의 가족부터 표적화하여 질병 등으로 사망케 하여 군경이 자신의 가족을 잃은 슬픔으로 지휘통제체계가 무너지고, 내부적으로 붕괴할 수 있도록 하는 전략도 적국에서 검토하여 이를 유전체기업을 중심으로 유전정보를 수집하는 시도도 있었다고 한다.

법령이 만능은 아니지만 현행 「개인정보보호법」 체계에서는 적정성 평가로 얼마든지 우리나라 유전정보가 국외 이전될 가능성이 있다는 사실을 인지하고, 특정 집단이나 국가의 유전적 특성을 포괄(민족,

집단적 유전자 다양성)해 생물무기 개발 시 타겟팅 정보로 악용 가능성을 인지하여 바이오테러 위험을 예방할 수 있도록 「개인정보보호법」의 특별법으로서 미국의 BIOSECURE Act 도입 검토를 촉구한다.

2025년 6월 5일, 뉴스핌 기고문

[공급망보안]

美 'BIOSECURE 조항'이 촉발한 바이오 공급망 재편과 韓 기업의 대응 전략

미국 상원이 2025년 10월 통과시킨 2026 회계연도 국방수권법(NDAA)에 'BIOSECURE 조항'이라 불리는 생물보안 규제가 포함됐다. 이 조항은 연방정부와 그 계약·보조금 생태계 전반에서 중국계 '우려 기업(Biotechnology Companies of Concern, BCC)'의 바이오 장비와 서비스를 단계적으로 배제토록 한다.

대상에는 BGI, MGI, Complete Genomics, WuXi AppTec(후속 개정에서는 WuXi Biologics까지)이 거론됐다. 한국 기업은 미국 정부와 직접 거래하지 않아도, 글로벌 파트너의 공급망 준수 요구로 직간접적 영향을 받게 된다. 이 법은 단순 제재를 넘어 '누구와 거래하느냐'뿐 아니라 '어떤 장비와 시스템으로 연구·생산하느냐'를 묻는 새로운 생태계의 신호탄이다. 생물보안 조항의 핵심은 공급망 전반의 보안 관리 강화다.

BIOSECURE 조항은 미국이 바이오 장비와 데이터에 대해 “누가 만들었고, 어디서 온 기술이냐”를 엄격히 따지기 시작한 법이라고 할 수 있다. 특히 중국계 기업 장비나 서비스를 미 연방정부 연구·조달에 쓰지 못하도록 금지한다. 미국의 정부 돈이 들어간 연구라면 사용 장비·서비스의 출처까지 검증해야 한다는 뜻이다.

대상으로 삼고 있는 중국계 기업은 유전체 검사 장비·서비스회사인 BGI, 시퀀서 장비회사인 MGI, 유전체 분석 회사인 Complete Genomics, 위탁 생산하거나 의약품 개발하는 WuXi AppTec, WuXi Biologics의 미국 내 나날이 증가하는 경쟁력으로 인한 것으로 볼 수 있다.

2027년 1월 1일 시행되는 미국 정부 자금이 들어가는 제약사·병원·대학, 협력업체 전부가 대상인 이 법은 우리나라 기업도 미국과 연구 및 생산 협력하면 자동 적용되는데, 이로 인하여 미국 파트너사는 우리 장비 출처까지 상세히 확인하면서 “이 장비가 BCC 제품인가요? 서류 제출해 주세요”라고 요청하는 등 공급망 전체에 있어서 간접 제재 효과를 줄 수 있고 출처 확인 문서, 데이터 로그 관리 등으로 인해 미국 파트너사가 우리 장비 출처까지 확인하다 보면 컴플라이언스 비용 증가 및 보안을 위협할 수 있다.

그 밖에도 공급망 감사·증빙 요구 등 조달·공동연구 제한으로 인해 연방 연구에 참여하기 위해 BCC를 완전히 배제한다고 해도 WuXi 이용 이력이 있으면 탈락이 가능하여 결국, 신뢰를 증명하지 못하면 글로벌 공급망에서 빠질 심각한 위험이 존재하는 것이다.

이번 법안은 단순히 한 국가의 규제가 아니라, 글로벌 바이오 공급망 재편의 서막이다. 우리나라 정부는 국산·비BCC 장비오· 시약의 대체 생태계를 조성하고, 인증체계를 강화해야 한다. 또한 미국 연방 조달·보조금 규정에 대응할 수 있도록 해외 조달 대응센터를 통해 법제·계약·기술 가이드를 제공할 필요가 있다. 나아가 BIOSECURE 규제와 국내 K-바이오 GMP, ISMS·정보보안 표준 간 상호 운용성 가이드라인을 공동 개발하는 것도 시급하다.

BIOSECURE 조항은 "누구와 거래하느냐"를 넘어 "어떤 기술 기반 위에서 연구하고 제조하느냐"를 묻는 시대의 신호다. 우리나라 바이오 기업이 글로벌 시장에서 신뢰를 유지하려면, 지금 이 순간 공급망의 투명성과 자율적 검증 체계를 구축해야 한다.

2025년 12월 8일, 뉴스핌 기고문

[연구보안]

「국가연구개발혁신법」, 연구보안 제도화를 서둘러야 한다

2024년 7월 9일, 미국 백악관 과학기술정책실(OSTP)은 '연구보안 프로그램 지침'을 발표했다. 이에 따르면 일정 규모 이상 연구비를 수주하는 대학이나 연구기관은 사이버 보안, 외국인 연구자 관리, 국제 공동연구 투명성, 민감기술 보호 등을 포함한 연구보안 프로그램 운영 여부를 인증받아야 한다.

단순한 권고가 아니라, 국가 자금 지원을 받으려면 반드시 지켜야 할 법적·제도적 요건으로 자리 잡아 가고 있다. 그동안 미국의 연구개발 경쟁력은 개방성과 협력에 기반해 왔지만, 최근 중국 등 전략적 경쟁국의 위협이 증가함에 따라 보안 강화가 필요해졌는데 이러한 조치는 연구성과 유출 방지 차원을 넘어, 국가 연구 생태계의 신뢰성과 안전을 보장하기 위한 장치다.

미국은 연구윤리 규범에서 더 나아가, 연구보안을 국가안보와 직결된 새로운 과제로 인식하고 제도화에 속도를 내고 있다. 이 지침은

NSPM-33(국가안보 대통령 각서 33)과 「반도체 및 과학법」에 따라 연구 보안 정책을 표준화하는 것을 목표로 하는데 연방 정부로부터 연간 5천만 달러 이상 R&D 자금을 받는 고등교육기관, FFRDC(연방 지원 연구개발 센터), 비영리 연구기관을 보호기관(covered institution)으로 간주한다.

이 기관은 ① 사이버 보안의 경우 NIST(미국 국립기술표준연구소) 기준에 따라 보안 프로그램을 구축하고, ② 해외여행 보안의 경우 국제 출장자 대상 정기 교육 및 여행 기록 관리하며, ③ 연구 보안의 경우 교육 모든 연구 참여자에게 보안 교육을 실시하고, ④ 수출 통제 교육의 경우 수출 통제 기술을 다루는 연구자 대상 교육을 포함한 보안 프로그램을 운영해야 하는데 기관들이 인증 의무를 다할 수 있도록 명확한 지침과 자원을 제공하여야 한다.

또한, 이 지침은 연구기관에 대해 차별 금지, 유연성 보장, 행정 부담 최소화와 소규모 기관이나 자원이 부족한 기관에 대한 지원을 강조하면서 각 연방 연구기관은 지침을 발표한 날로부터 6개월 내에 정책을 업데이트하고, 최대 18개월 내에 프로그램을 시행해야 한다고 하였다.

영국 역시 '신뢰할 수 있는 연구와 혁신(Trusted Research and Innovation)' 지침을 운영하고, 유럽연합(EU)도 올해 '연구안보 권고'를 채택하였으며, 일본 또한 국제 공동연구 과정에서 외국 자금 수수나 이중 임용을 투명하게 공개하도록 제도를 정비하고 있다. OECD와 G7은 연구보안을 국제 협력의 기본 원칙으로 명문화했다. 반면 우리나라는 「국가연구개발혁신법」을 통해 연구윤리, 연구비 집행 투명성,

연구부정 방지 등을 규정하고 있을 뿐, 연구보안을 독립된 정책 영역으로 다루지 못하고 있다.

해외 공동연구 과정에서의 데이터 유출, 외국 인재 프로그램과의 충돌, 퇴직·이직 시 민감기술 반출 등 다양한 위험이 발생할 수 있음에도, 대응은 여전히 기관의 자율에 맡겨져 있다. 특히 반도체, 바이오, 인공지능, 양자 등 전략기술 분야에서는 보안 부재가 곧 산업 경쟁력과 국가안보의 위협으로 직결된다.

이제는 우리도 연구보안을 국가 차원의 제도적 틀 속에 편입해야 한다. 「국가연구개발혁신법」 개정을 통해 ① 대형 연구비 수혜기관의 연구보안 프로그램 인증을 의무화하고, ② 공시·검증·파트너 실사·데이터 보안 등 표준 체크리스트를 마련하며, ③ 정부 차원의 교육·문화 확산 지원을 제도화해야 한다. 이를 통해 연구자 개인에게 떠넘겨진 부담을 제도적 장치로 흡수하고, 국가 연구생태계의 신뢰 기반을 확고히 할 수 있다.

무엇보다도 미국과 같이 의무와 함께 지원도 병행하여야 한다. 세계 주요국이 앞다퉈 연구보안을 강화하는 상황에서 우리나라만 제도 정비를 미룬다면, 국제 공동연구에서 신뢰 부족으로 파트너십 기회를 잃을 수 있다. 연구윤리 다음 단계는 연구보안이다. 지금이 바로 국가 연구개발 정책을 한 단계 업그레이드할 시점이다.

2025년 9월 9일, 뉴스핌 기고문

기술보안 없는 연구 자유는 없다

최근 수년간 우리나라 대학에서는 국가핵심기술이 해외로 유출되는 사건이 반복적으로 발생하고 있다. 또한, 이공계에서는 매해 35,000명의 인재가 해외로 유출되고 있다. 대학교수, 즉 선생님을 따라 학교를 옮기는 분위기를 미루어 볼 때 대학교수에 대한 존중과 연구중심대학에 대한 존중이 그 어느 때보다 중요한 시점에 와 있다.

글로벌 협업의 단계에서 2021년 S대 교수 사건과 2019년 K대 교수의 사건 등 대학교수가 애국심이 부족했다고 처벌되기에는 국가기술안보의 최전선을 과학자들이 매회 알아차리는 것이 결코 쉽지 않다는 점을 알아야 한다.

국가가 연구자 편에 서 주지 않는 한 존중받지 못하는 연구자가 국가의 편에 설 수 없다는 것은 너무도 당연하다. 대학은 본질적으로 '지식 공유'를 중심 가치로 한다.

그러나 이 개방성과 자율성은 동시에 기술보안의 사각지대를 만든다. 교수 개인이 연구성과의 소유권을 자신에게 있다고 착각하거나, 대학의 산학협력단을 통한 기술이전 절차의 법적 구속력을 명확히 인식하지 못하는 경우가 적지 않다.

특히 외국 대학이나 기업과의 공동연구가 늘어남에 따라, 국가핵심기술 보호와 관련된 법률(「산업기술의 유출방지 및 보호에 관한 법률」, 「국가연구개발혁신법」 등)을 위반할 소지가 커지고 있다. 대학의 보안 체계 역시 기업에 비해 현저히 느슨하다.

연구보안 전담조직이 존재해도, 실제로는 문서 반출·클라우드 업로드·연구데이터 접근통제 등을 실시간으로 관리하기 어렵다. 또한 '학문의 자유'라는 명분 아래 연구자의 외부활동을 통제하는 데 소극적인 태도를 보이는 경우도 많다. 결과적으로 대학은 국가핵심기술 보호의 제도적 공백지대로 남아 있는 셈이다.

그러므로 진정 대학교수의 기술유출 방지를 위해서는 첫째, 법에서의 명문화 규정을 지금이라도 마련하여야 한다. 대학 연구자가 수행하는 과제 중 국가핵심기술이 포함된 연구에 대해선, 산업부 고시 단계에서부터 보호대상 기술로 지정하고 관리해야 한다.

「산업기술유출방지법」의 적용 대상을 기업 중심에서 대학·공공연구기관까지 확대하고, 교수·연구원의 고의적 유출행위에 대해 형사처벌 및 연구참여 제한제를 명확히 규정해야 한다. 「국가연구개발혁신법」 내에 '연구보안 책임제'를 신설하여, 연구책임자에게 기술보안의무를 부여할 필요가 있다.

둘째, 모든 연구과제에 Research Security Officer(RSO)를 지정하

여, 연구자료의 접근·저장·전송을 관리하게 해야 한다. 교내 정보시스템 외의 외부 클라우드 저장소 이용은 보안심사 후 허가하는 사전 승인제로 전환해야 한다. 외국 기관과의 공동연구 협약 체결 시, 기술이전 가능 범위 및 지식재산 귀속을 명문화하는 법률 검토 절차를 필수화해야 한다.

셋째, 연구자 보안교육을 실질화하여야 한다. 교수와 연구원은 매년 1회 이상 '연구보안 및 기술유출 방지' 교육을 이수해야 한다. 현재와 같이 형식적인 연구, 즉 단순한 이론 중심이 아니라 실제 사례를 기반으로 한 시뮬레이션 교육을 실시하여, 위법 행위 발생 시 형사적·행정적 책임을 명확히 인식시킬 필요가 있다. 외국인 연구자 및 유학생 참여 과제에는 접근등급제와 보안서약서를 병행 도입해야 한다.

넷째, 내부 신고제 및 윤리 기반을 확립하여야 한다. 기술유출의 상당수는 내부자의 부주의나 경제적 유혹에서 시작된다. 대학은 연구윤리센터와 별도로 익명 신고 가능한 연구보안 헬프라인을 설치하고, 신고자 보호제도를 강화해야 한다.연구자의 개인적 일탈을 넘어 조직 차원에서 '기술보안이 곧 연구윤리'라는 인식을 정착시켜야 한다.

대학은 학문의 자유를 보장받는 공간이지만, 그 자유는 국가의 기술주권을 지키는 윤리적 책임과 함께해야 한다. 기술유출은 단순한 개인의 도덕적 일탈이 아니라, 국가안보와 산업경쟁력을 동시에 위협하는 범죄다. 따라서 정부, 대학, 연구자 모두가 '개방과 보호의 균형'을 재정립해야 한다.

이제는 "기술보안 없는 연구자유는 존재할 수 없다"라는 원칙이 대학의 새로운 윤리 규범이 되어야 한다. 학문은 자유로워야 하지만, 국가전략기술은 보호되어야 한다. 대학에서 개방공간과 연구공간을 분리하여 강의동과 도서관은 더욱 개방하되 연구동은 철저하게 보안을 강화하여야 한다. 그것이 21세기 지식국가의 생존 조건이며, 대한민국 대학이 세계 속에서 신뢰받는 길이다.

2025년 10월 14일, 뉴스핌 기고문

제3장

과학기술과 법

[교통정책]

미래 하늘길은 땅 위의 정책에서 시작된다

하늘을 나는 택시, 이른바 도심항공교통(UAM)은 더 이상 공상과학 영화의 장면이 아니다. 미국, 싱가포르, 독일, 중국 등 주요국은 이미 시범운행에 착수하거나 상용화를 눈앞에 두고 있다.

대한민국도 2030년 상용화를 목표로 「K-UAM 로드맵」을 추진 중이며, 그 핵심 인프라가 바로 버티포트(vertiport)라 할 것이다.

버티포트는 도심항공기를 수직 이착륙시키고 승객과 화물을 처리하는 소규모 공항이자 교통허브다. 그러나 현재 우리나라의 도심 공간과 관련 제도는 버티포트 설치 및 운영에 대한 충분한 대비가 되어 있지 않다.

법률적 기반 부족, 도시계획과의 충돌, 기술기준 미비, 민원 대응 부재 등 복합적 제약이 여전하다. 이제는 버티포트의 활성화를 위한 본격적인 정책 전환이 필요한 시점이다.

먼저 현재 버티포트는 국토부, 지자체, 소방청, 환경부 등 다양한 부처의 승인이 필요하지만, 이를 일괄 처리하는 'UAM 인프라 통합심의센터' 또는 원스톱 민원창구를 도입할 필요가 있다.

그리하여 버티포트를 공항의 하위개념으로 규정하거나, 새로운 시설 유형으로 법제화하는 입법 작업이 시급하다. 특히 지방자치단체가 자율적으로 위치와 운영방식을 설계할 수 있도록 하는 특례조항 마련이 요구된다.

버티포트는 공중뿐 아니라 지상과 지하 교통망과도 연결되어야 하는 복합시설이다. 따라서 도시철도역, 환승센터, 대형 건물 옥상 등과 연계한 공간 활용 모델이 필요하다. 특히 도심 고밀도 지역에서는 기존 건축물과의 통합이 필수적이므로, 옥상 구조물 허용기준 완화, 고도제한 탄력 적용, 방음 및 안전기준 정비 등이 함께 병행되어야 한다.

지방자치단체는 지역의 지형, 환경, 수요 등을 반영하여 버티포트 입지 계획을 도시계획에 포함시켜야 하며, 이를 위해 국토교통부는 가이드라인과 인센티브 체계를 제공해야 한다.

버티포트의 설치와 운영은 초기 비용 부담이 크고 수익성이 불확실한 영역이다. 따라서 중앙정부와 지방정부는 초기 단계에서 공공선도형 버티포트 구축사업을 추진하고, 민간의 참여를 유도할 수 있는 민관 합작형 모델을 개발해야 한다.

또한 응급의료, 공공물류, 재난 대응 등 비상업적·공공목적 운항 수요를 적극 발굴하고, 이를 통해 버티포트가 단순한 교통거점이 아닌 공공안전 인프라로 기능하도록 유도해야 한다.

도심 내 버티포트는 소음·진동, 비행 안전, 사생활 침해, 재산권 영향

등의 민감한 문제와 직결된다. 이를 방치하면 지역 주민의 반대에 부딪혀 설치가 무산될 수 있다. 따라서 소음영향 예측 시뮬레이션 의무화, 야간운항 제한, 사전 주민설명회 및 공청회 절차 법제화, 주민 수용성에 따라 맞춤형 보상과 인센티브 제도를 병행해야 한다.

도심항공교통 활용 촉진 및 지원에 관한 법률상 버티포트는 단순한 이착륙장이 아니라 미래 도시교통의 핵심 노드다. 지금 이 순간에도 UAM 기술은 진화하고 있으며, 우리가 이에 대비하지 않는다면 글로벌 UAM 시장에서 뒤처질 수밖에 없다.

대한민국의 하늘길은 이미 열리고 있다. 이제는 규제완화나 시범사업을 넘어, 국가적 UAM 생태계 안에서 버티포트가 실질적으로 작동할 수 있도록 제도와 정책을 정비해야 할 때다.

2025년 8월 15일, 뉴스핌 기고문

[교통정책]

자율주행의 새로운 도전…
규범·안보·지속가능성을 고민할 때이다

최근 국내 자율주행 모빌리티 업계에 주목할 만한 뉴스가 전해졌다. '중국의 구글'이라 불리는 바이두가 로보택시사업 선두업체와 협력을 타진 중인 것으로 알려졌다. 자율주행 기술 분야에서 세계적 경쟁력을 확보한 중국 빅테크와 국내 모빌리티 플랫폼을 선도하는 카카오모빌리티 등과 협력하게 된다면 분명 산업적·기술적 전환점이 될 수 있다.

그러나 기술 수용의 기대만큼, 그에 따르는 법적·정치적·사회적 고려사항도 함께 짚어보아야 한다. 그중에서도 협약 리스크와 사업의 지속가능성의 관점에서 우리는 주의 깊게 지켜봐야 할 것이다.

협약 리스크 관점에서 보면 첫째, 기술 이전 및 정보보호에 관한 규범적 우려가 있다. 로보택시는 단순한 차량이 아니라 고정밀 지도, 통신 인프라, AI 연산, 클라우드 기반 학습 데이터 등 복합 ICT 기술 집약체다. 바이두의 '아폴로 고'가 국내에 도입될 경우, 차량과 플랫폼이 생성하는 도로주행 정보, 시민 위치정보, 통신 패턴이 해외 기술 기업에 실시간으로 전달될 수 있다. 이는 개인 정보 보호뿐 아니라 국가안보 차원에서의 데이터 주권 문제로 이어질 수 있다.

둘째, 정부의 기술 인증 및 장비심사 기준 정비가 시급하다. 미국은 이미 중국계 자율주행 기업의 미국 진입을 사실상 차단했으며, EU와 중동도 국가별 보안 기준을 강화하고 있다. 우리나라 또한 자율주행차 안전기준, 인증제도, 외국계 장비에 대한 사전심의체계를 구축하지 않고는 기술 종속 리스크를 피하기 어렵다.

셋째, 플랫폼 운영 주도권의 잠식 문제다. 장기적으로는 알고리즘 업데이트와 운용·정비 시스템이 바이두 생태계에 의존하게 될 가능성도 있다. 이는 '플랫폼 내재화'전략과 상충하며, 국산 자율주행 기술 생태계 육성에 오히려 제동을 걸 수 있다.

다음으로 로보택시의 지속가능성 조건, 즉 제도·인프라·사회 수용성 측면에서 볼 때 앞으로 해야 할 일들이 산재되어 있다.

첫째, 법 제도의 선제적 정비가 요구된다. 현행 자율주행자동차와 관련한 법은 레벨 3 이상 차량의 운행을 허용하고 있으나, 운행 중 사고 책임, 보험 체계, AI 판단 오류에 대한 귀책 구조는 여전히 미비하다. 만약 외국계 로보택시가 국내에서 사고를 낸다면, 피해자 구제는 물론, 소송 관할을 비롯한 기술적 귀책 판단의 주체에 대한 혼란이 불가피하다.

둘째, 로컬 인프라와의 연계성 확보도 필수다. 국내 도로 환경은 선진국 대비 복잡하고 협소하며, 각 지자체의 교통신호 체계, 지도 데이터, 5G 인프라 보급률 등도 천차만별이다. 외산 기술이 이러한 르컬 조건에 적응하지 못한다면 서비스 안정성은 크게 저하될 수 있다.

셋째, 시민 수용성과 신뢰의 확보가 로보택시 성공의 관건이다. 외국계 자율주행 차량에 탑승하는 것에 대한 시민들의 심리적 저항, 서비스 중단 시 책임 소재에 대한 불신, 고용시장에 미치는 영향 등은 서비스 지속가능성의 걸림돌이 될 수 있다. 특히 택시 기사 및 운수노동자들과의 노동 갈등 조정 프레임 없이 급진적인 전환을 시도할 경우 사회적 반발은 필연적이다.

결국 국내업체와 바이두의 협력은 단순한 상업적 파트너십이 아니라, 기술 주권과 데이터 주권, 사회 수용성을 동시에 고민해야 하는 복합 과제다.

그러므로 외국계 자율주행 기술에 대한 보안검증 프레임 구축이 시급한데 예를 들어 통신·지도·AI 처리 장비에 대한 국정원 또는 방통위 수준의 사전 심사가 필수이다.

다음으로 로보택시 운영 관련 법령 정비 및 AI 책임 법제화 없이는 사업의 앞날은 불투명하다. AI 사고 발생 시 제조자-운용자-알그리즘 제공자 간 책임 규명 구조가 마련되어야 한다.

또한 플랫폼 협력 시 '기술 내재화 조항' 및 국내 개발자 참여 조건을 명시하여야 한다. 기술 이전, 국산화 로드맵, 공동 R&D 조항 등을 계약서 내에 포함하여 우리나라의 지식재산을 지킬 수 있도록 하는 유보조항들이 많이 필요하다. 그 밖에도 시민 대상 로보택시 신뢰 제고 프로그램을 추진하고, 공공부문 시범운행, 사고 이력 공개, 책임보험 의무화 등으로 일단 산업의 신뢰를 얻는 것도 사업의 성패에 중요한 요소가 될 것이다.

기술은 시장을 선도하지만, 규범과 사회는 지속가능성을 결정한다. 로보택시는 차세대 교통혁신의 상징이지만, 외국계 기술 의존, 사회적 불신, 규범 부재 속에서는 결코 국민의 신뢰를 얻을 수 없다. 국내업체와 바이두의 협력이 단순한 기술 수입을 넘어 국내 기술생태계의 성장 디딤돌이자 시민과 공존하는 모델로 발전하길 기대한다.

2025년 7월 29일, 뉴스핌 기고문

[교통정책]

드론의 일상화… 안전법 제정이 시급하다

하늘을 수놓는 드론 쇼, 택배를 싣고 날아다니는 드론, 재난 현장을 촬영하는 드론. 이제 드론은 우리 일상에서 낯설지 않은 존재가 되었다. 그러나 그 이면에는 사고와 안전이라는 커다란 그림자가 드리워져 있다.

불과 몇 년 사이, 드론 추락 사고로 인한 인명피해, 재산피해, 사생활 침해가 잇따르고 있다. 드론쇼 도중 관람객 위로 떨어진 드론, 공장 옥상에 추락해 화재를 일으킨 드론, 국가 중요시설을 무단 촬영한 드론까지. 문제는 이러한 사고를 효과적으로 예방하고 책임을 명확히 할 수 있는 법적 장치가 턱없이 부족하다는 사실이다.

현재 드론 사고는 항공기 사고의 하위 개념으로 '초경량비행장치 사고'로 분류된다. 하지만 이는 사람이 탑승한 유인기 기준으로 설계된 법령에 불과하며, 소형·무인·원격조종이라는 드론 고유의 특성을 반영하지 못한다. 취미용 드론, 상업용 드론, 자율비행 드론 등 다양한 유형의 드론이 빠르게 확산되고 있지만, 이들을 체계적으로 규율할 별도의 법은 아직 마련되지 않았다. 그나마 2019년 제정된 「드론촉진법」은 드론 산업의 진흥을 목적으로 하는 지원법일 뿐, 안전과 책임을 다루는 규범적 법제는 아니라는 것이 문제이다. 드론으로 인한 피해 발생 시 책임 주체를 명확히 규정하고, 조종자 및 소유자의 안전 의무를 강화하는 법적 근거가 필요하지만, 현실은 여전히 법 제도의 사각지대에 놓여 있다.

이에 국회에서는 「드론의 관리 및 이용 등에 관한 법률안」이 발의되었다. 이 법안은 드론 사고의 정의를 확장하고, 조종자 및 소유자의 책임을 명문화하며, 드론 보험 가입 의무화, 안전성 인증 제도 도입, 불법 운용에 대한 벌칙 강화 등 체계적인 관리체계를 제시하고 있다.

특히 주목할 점은 사고의 범위를 단순한 기체 손상이나 인명 피해에 국한하지 않고, 재산 침해, 사생활 침해, 국가 안보 위협 등 사회적 피해까지 포괄적으로 규정하고 있다는 점이다. 이는 드론 사고의 다양한 양상을 반영한 현실적 접근이라 할 수 있다.

또한, 책임보험 의무화와 안전성 인증제도를 통해 사고 예방과 피해 보상의 실효성을 높이고, 사전 비행계획 심사와 고위험 지역 비행 제한 등 구체적인 예방 장치도 마련되었다. 이는 단순한 규제를 넘어, 드론 산업의 지속 가능한 발전과 공공 안전을 조화롭게 추구하는 합리적 방안이다.

이제는 더 이상 드론 사고를 우연한 돌발변수로 치부해서는 안 된다. 드론 기술이 가져올 미래의 편익을 온전히 누리기 위해서는 그에 상응하는 법적 안전망이 필수적이다. 안전 없는 혁신은 위험일 뿐이고, 책임 없는 발전은 결코 지속될 수 없다.

드론 안전법 제정은 선택이 아닌 필수이다. 지금 이 순간에도 우리의 머리 위를 날고 있는 수많은 드론을 안전하게 관리하고, 사고로부터 국민을 보호하기 위한 최소한의 사회적 약속이 되어야만 한다.

대한민국이 드론 강국으로 나아가기 위해서는 산업 진흥과 함께 안전과 책임의 균형 있는 법제화가 뒷받침되어야 한다. 더 늦기 전에, 더 많은 사고가 발생하기 전에, 드론 안전법 제정이 하루빨리 이루어져야 할 이유이며 신속히 입법이 통과되어야 하는 이유이기도 하다.

2025년 5월 20일, 뉴스핌 기고문

[교통정책]

허브리스 전기자전거 실증특례, 혁신인가 특혜인가

대한민국 최대 규모의 모빌리티 산업 전시회, 2025 서울모빌리티쇼가 4월 3일부터 13일까지 일산 킨텍스에서 성황리에 마무리됐다.

올해로 30주년을 맞이한 이번 행사는 'Mobility Everywhere, Beyond Boundaries(공간과 기술을 넘어 산업의 경계를 허물다)'라는 주제로 열렸으며, 총 12개국 451개 기업이 참가하고 약 56만 명의 관람객이 현장을 찾았는데 그중에서도 허브리스 전기자전거에 대한 관심은 상당히 뜨거웠다.

최근 '허브리스 전기자전거'에 디지털 디스플레이를 부착하여 광고를 송출하는 신기술이 규제샌드박스를 통해 실증특례를 부여받았다.

바퀴 중심축(허브)과 스포크가 없는 독특한 구조에 고해상도 스크린을 장착한 이 전기자전거는 자전거도로를 통행하면서 영상광고를 송출할 수 있도록 허용된다.

이는 기술혁신의 현장을 제도적으로 뒷받침하는 좋은 사례로 볼 수 있다. 그러나 이러한 특례가 형평성 문제를 야기할 수 있다는 지적도 함께 제기되고 있다.

우선, 기술적 측면에서 허브리스 전기자전거는 기존 자전거와 구조가 현격히 다르기 때문에 별도의 안전기준과 시험법이 필요하다.

실증특례를 통해 예비 안전기준을 마련하고, 일정 조건하에 자전거도로 주행을 허용하는 것은 새로운 모빌리티 기술의 현실 적용 가능성을 타진하는 데 의미가 있다. 더불어, 디지털 옥외광고 플랫폼으로서의 확장 가능성도 평가할 수 있어 광고산업과 친환경 이동 수단 간의 융합을 꾀할 수 있다.

하지만 유사한 기술을 보유한 기업이나 기존 전기자전거 제조업체 입장에서는 규제 형평성의 문제가 제기된다. 특정 구조(허브리스)에만 디지털 광고 송출과 자전거도로 주행을 허용하는 것은 사실상 선도기업에 과도한 시장 우위를 부여하는 결과를 낳을 수 있다. 이러한 선례는 기술 중립적이지 않으며, 오히려 혁신 경쟁을 저해하는 요인이 될 수 있다.

따라서 정부는 기술의 구조나 형태가 아닌 기능적 요건과 공공성 기준을 중심으로 실증특례의 대상을 설정해야 한다.

예를 들어, 일정 수준의 안전성과 시인성을 갖춘 디지털 디스플레이를 부착한 이동 수단이 공공광고 20% 이상을 송출하고, 야간 밝기 제한 등의 기준을 충족한다면 구조와 무관하게 실증 참여 자격을 부여해야 한다. 이를 통해 기술 중립성과 시장 공정성을 동시에 확보할 수 있다.

또한, 실증특례를 받은 기술은 향후 산업표준화나 제도화 과정으로 연계되어야 한다. 시험기관과 공동으로 안전기준을 수립하고, 이를 바탕으로 산업 전반이 활용할 수 있는 공통 기준 마련이 시급하다. 이와 함께, 정기적인 후발 실증 참여 기회를 열어 경쟁기업의 진입 장벽을 낮추는 장치도 필요하다.

기술의 혁신은 특정 구조나 기업에 국한되어선 안 된다. 정부는 규제 샌드박스의 긍정적 효과를 극대화하되, 시장 형평성과 공정경쟁이라는 원칙을 놓쳐서는 안 된다. 디지털 광고 전기자전거 실증특례가 진정한 '혁신지원'인지, 아니면 '기술특혜'로 기억될지는 이러한 후속 제도 설계에 달려 있다.

[표] 허브리스 전기자전거와 유사모빌리티와의 규제 비교

구분	허브리스 전기자전거 + 디스플레이	일반 전기자전거 + 디스플레이	킥보드형 디스플레이 광고 수단	기타 이동형 디지털 광고 수단 (예: 디지털 카트)
구조 특성	허브와 스포크 없음(독자 구조)	전통적 바퀴 구조	바퀴 스형, 디스플레이 부착 용이	4륜 이상, 일반 차체 활용
광고 목적	자전거 자체에 디지털 광고	기술적으로 가능하나 법적으로 불명확	이미 일부 시범 운영 중	일부 지자체 실증 중
자전거도로 이용 가능성	실증특례로 허용 추진 중	무게 기준 등으로 어려움	원칙적으로 차도 주행 대상	자전거도로 이용 불가
현행법령상 제약	자전거법 + 광고물법 특례 적용	자전거법상 불명확 + 광고물 규제	PM법 (개인형 이동수단) + 광고 규제	자동차관리법 + 옥외광고물법
제도적 혜택 유무	실증특례 적용 대상	비적용	일부 지자체 규제 샌드박스 사례 있음	적용 사례 적음
규제 형평성 문제	특례 부여로 선제적 진입 우위	형평성 상실 우려	형평성 유지, 다만 정책지원 약함	규제 명확성 부족

2025년 5월 7일, 뉴스핌 기고문

[식품정책]

나노사회, 맞춤형 식품은 어디까지 허용되어야 하는가

우리는 지금 '나노사회'로 접어들고 있다. 분자 수준의 정밀 기술이 인간의 몸과 삶을 바꾸는 시대다. 그 중심에는 나노기술 기반의 생체 정보 해석과 개인 맞춤형 응용 기술이 있다. 최근 몇 년 사이, 이러한 기술이 가장 빠르게 상업화된 분야 중 하나가 바로 맞춤형 식품(Personalized Food)이다.

2025년 3월 시행된 「건강기능식품법」의 "맞춤형건강기능식품"이란 제조 또는 수입된 한 종류 이상의 건강기능식품을 개인의 필요 등에 따라 소분·조합한 것을 말한다(법 제3조 1의2).

이때 "기능성"이란 인체의 구조 및 기능에 대하여 영양소를 조절하거나 생리학적 작용 등과 같은 보건 용도에 유용한 효과를 얻는 것을 말하는데(법 제3조 2호) 개인의 '필요'에 있어서 필요가 개인이 주관적으로 원하는 것을 말하는 것인지 객관적으로 부족한 것을 말하는 것인지 아무래도 이해되지 않는다.

현재 시장은 건강기능식품을 결코 '식품'으로 생각하고 있는 것으로 보이지 않는다. 오히려 약국에서 소분전용구간이 있는 것이 시설요건이라 이를 구비하기가 쉽고, 약사회원에 대해서는 대한약사회 온라인 교육시스템을 통해 안전위생교육을 무료로 제공하며 비회원 등은 실비의 교육비를 납부하고 교육 사이트를 이용하여 안전위생교육을 이수할 수 있다는 시행규칙 등을 미루어 볼 때 "약사의 매대에 식품도 더 판매할 수 있게 하기 위한 약국 프랜차이즈를 위한 법인가?"라는 혼란이 생길 수 있다.

이제는 식품과 약품을 구별하는 것이 쉽지 않아 보인다. 그동안은 자신이 원하는 욕망으로 먹는 것은 식품이고, 병을 낫게 하기 위해서나 몸의 결핍을 위해 먹는 것은 약품이라고 생각했다. 그러나 맞춤형 식품이라는 표현은 아예 이러한 패러다임을 무시하고 시장의 수요와 공급만을 위하여 인간을 도구화하는 것으로 느껴진다.

이제 식품마저 혈액 한 방울, 타액 샘플 혹은 유전자 데이터 하나로 특정 영양소를 강화하거나 특정 질병 발병 위험에 맞춰 설계된 식품이 제조되고 있다. 이들 제품은 '개인 최적화'라는 이름으로 포장되어 유통되며, 이미 대형 유통업체를 통해 판매되고 있다.

내심 구독형 식품 서비스가 파산하거나 일시적으로 저속노화열풍만을 일으키며 유전자검사를 매회 하지 않아 적자라는 지적을 받을 때, 기술에게까지 잔소리를 들어야 하는 인간의 신세가 억울하던 차에 잘되었다고 속으로 생각하며 인간의 자유를 억압하더라도 적당히 해야지라는 생각을 하기도 했다.

명확한 것은 나노사회에서 만난 맞춤형 식품 산업은 분명 기술 융합으로 진입될 것이라는 것이다. 즉, AI, 바이오, 로봇, 나노기술의 경계가 결국 붕괴되어 약품과 식품의 경계가 무너졌듯이 '필요'라는 주관적이면서도 객관적인 해석 아래 생명윤리와 신체통제 논쟁 발생이 빈번해질 것이라는 것이다.

문제는 이러한 기술이 기술적 상업성에 비해 윤리적, 안전성 검토, 사회적 합의 과정이 심각하게 부족하다는 점이다. 나노물질이 포함된 성분의 체내 장기 축적 효과, 개별 유전자 정보를 바탕으로 한 식품 맞춤화 과정에서의 프라이버시 침해, 그리고 '최적화된 식사'라는 개념이 사회적 차별 또는 소비자 낙인으로 이어질 수 있다는 우려는 여전히 해소되지 않고 있다.

무엇보다 우려스러운 것은 이러한 맞춤형 식품의 무분별한 상품화가 "건강"이라는 가치에 대한 새로운 편견을 확산시킬 수 있다는 점이다. 특정 지표에 따른 섭취 방식이 '이상적'이라는 판단은 자칫 일반인의 식생활을 위축시키고, 비정상적인 소비 패턴을 강요할 수 있다.

우리는 이미 과거 유전자 식품(GMO) 논쟁에서 기술의 상업화가 사회적 합의를 앞서갈 때 어떤 혼란이 벌어지는지 경험한 바 있다. 그러나 이번에는 훨씬 더 복잡하다. 신체 내부와 연결된 데이터, 나노 단위 투여, 인공지능 조합 설계라는 복합 요소가 결합되어 있기 때문이다.

나노사회에서 맞춤형 식품이 진정으로 공공의 이익을 위하는 기술이 되기 위해서는 선제적 안전성 검토 체계, 정보 제공 의무, 소비자 선택권 보장, 윤리성 평가가 반드시 병행되어야 한다. 기술은 더 나아가고 있지만, 우리 사회가 그 속도를 따라가지 못하면 기술은 이익이 아니라 위험이 된다.

지금은 나노기술의 사회적 영향에 대해 보다 정밀하고, 보다 인간 중심적인 통제 장치를 마련해야 할 시점이다. 맞춤형 식품이 인간을 위한 기술인지, 시장을 위한 도구인지 묻는 것부터가 시작이다.

모든 사람이 인간을 개조할 수 있다면, 모든 사람이 「얼터드 카본」의 므두셀라처럼 영원한 장수를 원하며 노화되지 않기를 바랄 것이라고 의제하는 것은 위험하다. 적어도 인권은 어디까지나 다양성이고 과학기술은 기회를 좀 더 제공하는 것일 뿐이며 나는 장수하고 싶지도 늙지 않고 싶지도 않기 때문이다.

2025년 5월 13일, 뉴스딤 기고문

[보건정책]

국립보건연구원 체계 혁신… 법적 기반 강화 필요하다

국립보건연구원은 국민의 건강 증진과 국가 보건의료 연구개발 역량 강화를 목적으로 설립된 대한민국 대표 보건의료 국가연구기관이다. 즉, 국민 건강 증진과 국가 보건의료 연구개발(R&D) 발전을 위해 국립보건연구원이 수행하는 역할은 막중하다. 감염병 대응, 만성질환 관리, 미래 의료기술 연구 등 다차원적 연구는 국가 안보와 직결되는 보건의료 안전망의 기반이 된다.

그러나 현행 법적 체계는 국립보건연구원의 기능을 충분히 뒷받침하지 못하고 있으며, 빠르게 진화하는 보건의료 환경 변화에 대응하기 위한 제도적 근거도 미흡하다. 따라서 국립보건연구원의 직제·직무 범위와 연구개발 사업을 체계적으로 규율할 법률 제·개정이 시급하다. 이는 단순한 조직 운영 차원을 넘어 혁신적 국가 보건의료 연구개발 체계 구축과 기관 기능 강화를 위한 필수 조건이다.

현재 보건의료 연구개발 관련 국내 주요 법령으로는 「보건의료기술진흥법」이 있다. 이 법은 보건의료기술의 발전과 산업화를 촉진하는 근거를 마련했으나, 특정 연구기관의 직무·조직 운영에 관한 조항은 미비한 문제점이 존재한다. 「국가연구개발혁신법」은 국가 전체 연구개발 사업 관리체계를 규정하고 있으나, 보건의료 특화 연구기관의 기능적 특수성은 반영되지 않아 보안 등의 문제에 있어 일정 부분 한계가 존재한다.

그 밖에 「기초연구진흥 및 기술개발지원에 관한 법률」 등이 있기는 하지만 학문 기반 연구개발 지원에 중점을 두고 있어 응용·임상 연구와의 연계성이 부족하다.

현행 법률은 보건의료 연구 특수성과 국립보건연구원의 직무·조직적 지위를 구체적으로 규정하지 않아 운영상 법적 한계가 발생하고 있다. 또한, 감염병·만성질환 등 국가 차원의 긴급 대응 연구 필요성에도 불구하고, 예산 운영 및 권한 배분이 불명확하여 연구 수행의 지속가능성이 약화되고 있다.

이는 보건연구원이라는 연구기관의 법적 권한 부재로 인하여 국제공동연구 협력 및 글로벌 위상 확보에도 제약이 존재한다. 미국의 국립보건원(NIH)은 「Public Health Service Act」에 명확히 근거 규정이 있어 연구소별 권한, 예산 집행 구조, 임상연구 수행 권한에 대해 법률로 상세히 명시하고 있다. 연구소의 세부 직무·기능을 법률 차원에서 규정하고 있어 법적 정당성과 국제 신뢰 확보에 유리하기 때문에 공동연구개발이 매우 수월한 측면이 존재한다. 자연과학의 중요성을 강조하는 프랑스 국립보건의학연구소(INSERM) 역시 공공연구기관법령에 의해 설립, 연구·산업 협력·기술이전까지 법률상 명확한 권한이 부여되어 있다. 이와 같이 연구·산업 연계 구조가 제도적으로 보장되어 국가 보건의료 기술혁신의 허브 역할을 수행하는 연구소로서 법적 근거의 명확화는 매우 중요하다.

한편 영국의 국립보건연구원(NIHR) 또한 법령과 보건부 직속 관리 체계를 통해 R&D 투자 및 예산 지원 구조를 제도화하고 있어 국가 차원의 전략적 연구투자 관리가 가능하며, 응용 연구 중심 운영에 적합하다.

많은 이공계 연구자들은 우리나라에서 연구를 진행하는 데 겪는 어려움 중 정치적 트렌드를 과도하게 타는 부분에 대해 불안함을 호소한다. 보건 분야의 연구자들도 비슷한 어려움을 호소하는데 현행 국립보건연구원 직제는 보건복지부 내부 규정에 국한되어 있어 법률상 근거가 부족하고 타 기관과의 협력·조정 권한이 미흡하여 국가 차원의 R&D 조정자 역할을 수행하기 어려운 문제점이 존재하기 때문이다.

또한, 출연금 지급 및 사용 규정이 불명확하여 연구비 집행 자율성이 제한될 뿐 아니라 연구 성과 관리 및 평가 권한 역시 제도적으로 약화되어 기관 독립성이 미흡하다. 이에 빠른 시일 내에 국립보건연구원 운영 근거 법률을 신설하거나 「보건의료기술진흥법」을 개정하여 연구원 직제·직무를 명확히 법률로 규정할 필요가 있으며 연구 수행 영역(미래 의료, 만성질환, 감염병 등)을 구체화하여 공동연구개발 등을 할 수 있는 법적 근거를 마련하여야 한다.

이때 예산과 권한 배분을 법적으로 명시하고 출연금을 운영하는 데 있어서 사업별 예산 집행, 연구비 자율성 보장 근거를 마련하고 책임성과 투명성 확보를 위한 성과 관리 제도를 병행하도록 하여야 한다. 그리하여 국제 공동연구와 협력 기능을 강화하고 해외 연구기관과의 협약을 체결하는 등 공동펀딩 진행의 근거를 마련할 필요가 있다.

그리하여 국제 연구 네트워크 내 국립보건연구원의 법적 위상 강화하는 시급성이 가장 높은 직제·직무 명문화와 예산 운영 근거와 권한 배분한 뒤 국제 협력·산업 연계 기능 강화를 통하여 기술력을 높이는 데 중장기 추진 근거를 마련하여야 한다.

국립보건연구원은 국가 보건의료 연구개발 체계의 중추 기관이지만, 현재 법적 기반은 기관의 역할과 기능을 온전히 담아내지 못하고 있다. 해외 주요국의 사례처럼 연구기관의 직무·조직·권한을 법률로 명확히 규정할 때 비로소 국민 건강을 지키는 국가 연구기관으로서 위상을 강화할 수 있다. 따라서 국립보건연구원 관련 법령의 정비는 단순한 제도 보완이 아니라 국민 건강 안보를 위한 국가 전략이다. 신속하고도 체계적인 입법 추진이 요구된다.

2025년 8월 19일, 뉴스핌 기고문

[기상정책]

국가전략기술과 기상산업…
기술사업화의 도전과 기회를 보다

21세기 글로벌 기술경쟁의 핵심은 과학기술의 주권 확보이다. 주요 선진국들은 국가안보와 산업경쟁력 강화를 위한 전략기술을 선정하고, 이를 중심으로 정부 재정을 집중하고 있다.

특히, 기후위기가 실질적 경제·사회적 리스크로 가시화됨에 따라, 기상·기후 기술은 더 이상 연구 차원의 과제가 아닌 미래 전략자산으로 인식되고 있다. 기후테크는 탄소중립 달성뿐 아니라, 극한기상으로 인한 국가재난 예방, 식량안보, 에너지 수급 등 다층적 과제를 해결할 열쇠로 주목받는다.

우리 정부도 「과학기술기본법」, 「기상산업진흥법」, 「기상청 소관 연구개발사업 처리규정」 등 법적 기반을 마련하고, AI·빅데이터 기반의 신산업 R&D를 촉진하는 전략을 수립하고 있다. 그러나 기상·기후 R&D는 여전히 정부 부처의 고유기능(예보·감시 등)을 지원하는 직접 수행 중심으로 운영되고 있어, 산업으로의 연계와 기술사업화 실적은 상당히 미흡한 실정이다.

특히 기상청의 연구개발 정책 기능, 산업육성 기능, 기술사업화 기능이 여러 조직으로 분산되어 있어, 전략적 추진이 어렵다. 이는 예산·인력의 비효율은 물론, 민간과의 협업 거버넌스를 구축하는 데도 장애가 된다. 「기상청 소관 연구개발사업 처리규정」 제49조에 따라 특화연구센터를 지정·운영하고 있으나, 지속성 확보와 사업화 연계 전략이 부족하다.

미국 연방해양대기청(NOAA)는 2021~2025년 AI 전략과 이행계획을 수립하여 기상예보 정확도 개선, 고해상도 기후모델 개발, 자연재해 대응 역량을 고도화하고 있다. 이 전략은 기술-정책 연계를 명확히 하고, 민간 기업과의 파트너십을 제도화하는 데서 시작했으며 글로벌 빅테크 기업들도 기상·기후 R&D에 대규모 투자를 단행하고 있다.

예를 들어 Google DeepMind는 AI를 기반으로 단기 강수예측 시스템 'Nowcasting'을 공개하였고, IBM은 'The Weather Company'를 통해 고해상도 예측 서비스를 제공한다. 또한, Microsoft는 Azure 기반의 기후테크 모델을 통해 기업 탄소배출 감축 솔루션을 제공하고 있다. 이러한 흐름은 공공 데이터의 개방성과 민간의 AI 기술 접목을 기반으로 한 산업·서비스 혁신으로 이어지고 있다.

그런데 우리는 어떠한가. 전문가와 전략 모두 부재한 상태이며 지나치게 산만한 조직체계로 추진력도 부족하다. 먼저 기상·기후 리스크에 대응하는 고급 인력을 양성하기 위해, '기후예측 전문자격제도'의 도입이 필요하다.

이는 고위험 산업군(건설, 물류, 금융, 농업 등)과 연계되어, 기술 기반 리스크 매니지먼트를 가능하게 할 수 있다. 현행 제도하의 특화연구센터에 기술사업화 미션과 민관 협력 연구 범위를 명시하고, 중장기적으로 '기상기후기술혁신센터(가칭)'와 같은 국가 거점기관으로 승격할 필요가 있다.

무엇보다도 기상·기후 기술의 민간 이전 및 사업화를 촉진하기 위한 '기상기후 기술이전 및 촉진에 관한 특별법' 제정을 검토해야 한다. 기존 「기상산업진흥법」은 산업육성 조항이 있으나, 기술 이전·벤처 창업까지 포괄하는 구체적 규정이 상당히 부족한 실정이다. 직접 수행 중심의 기상연구개발 방식은 기술 수요자와 기술 공급자의 단절을 초래한다.

이에 따라 산·학·연·관 공동기획 플랫폼 구축이 필요하며, 총괄 부서(예: 기상청 미래전략기획단 또는 전담 기구)의 전략기획·조정 역할이 중요해진다. 이때 기획, 조정이라 함은 기상·기후 R&D 중장기 로드맵 수립 및 점검, 민간 수요 기반 공동 R&D 기획, 성과 확산형 기술사업화 인큐베이션 플랫폼 운영, 데이터 개방과 기술 공유를 위한 거버넌스 설계와 같은 업무를 하는 거점을 말한다.

기상·기후는 기후위기 시대의 핵심 인프라이자 산업기반이다. 과거의 행정지원 중심 모델에서, 미래형 기술사업화 플랫폼으로 국가정책이 전환하기 위해서는, 전략적 로드맵, 제도 정비, 민관 협력, 총괄조직의 혁신이 필수적이다. 이 방향으로의 전환은 단지 연구개발 성과의 수치적 확대가 아니라, 우리 사회의 기후리스크 회복력과 기술 주권을 높이는 중대한 분기점이 될 것이기 때문이다.

2025년 8월 6일, 뉴스핌 기고문

유전자변형생물체 LMO 안전교육, 학령기 때부터 시작해야 한다

2차 세계대전이 끝날 때쯤 18억이었던 인구가 현재 81억이 되어 여러 식량부족 상황에 봉착했다. 1990년대 이후 유전자조작 옥수수, 콩, 면화 등 상업적 GM 작물이 세계적으로 급속히 확산한 것도 이와 무관하지 않다. 이들 LMO가 국가 간 거래되는 과정에서 환경오염, 토착 생태계 교란, 식품 안전성 논란이 대두되었고, 각국은 '과학기술의 이익'과 '생물다양성 보전' 간의 균형 문제를 심각하게 인식하게 되었다.

그러한 측면에서 카르타헤나 의정서(Cartagena Protocol on Biosafety, 2000)는 1992년 「생물다양성협약(CBD)」의 후속 국제규범으로, LMO의 국경 간 이동·취급·사용에 대한 '사전통보제(Advance Informed Agreement, AIA)'와 '위해평가 및 위해관리 제도'를 의무화했다.

우리나라도 2001년 8월 8일 비준(2001. 9. 11. 발효)하여 당사국이 되었고, 이에 따라 국내 이행 법률 제정의 의무가 생겨 2008년 1월 1일 제정된 법이 「유전자변형생물체의 국가 간 이동 등에 관한 법률」이다. 이 법은 국제신뢰 확보와 교역 리스크 대응을 위해 제정되었는데 당시 우리나라는 GMO 농산물의 주요 수입국(특히 미국·브라질산)이었고, LMO 수입·관리체계 부재로 인한 통상마찰이 우려되었다. 그리하여 국제 기준에 부합하는 이행법(LMO법) 제정이 필수적이었다.

국내적으로도 2000년대 초반, 정부의 생명공학육성기본계획(Bio-Vision 2010 등)에 따라 대학·연구소·기업의 LMO 연구가 폭발적으로 증가했지만 당시에는 부처별로 안전관리 지침이 달라 중복·누락·사각지대가 발생했다. 예컨대 농림부는 농업용 LMO, 환경부는 생태계 위해평가, 산업부는 산업용 미생물 등으로 분리 관리했다. 통합된 법적 근거가 부재하여 사고 발생 시 책임소재가 불분명한 것은 입법의 당위성을 가져왔다.

2000년대 초반 '유전자조작 콩·옥수수 수입 논란'과 2004년 'GM쌀 논쟁', '수입 GMO 표시제 완화 논란' 등이 잇따르면서 국민들은 식품의 안전에 대한 불신이 커지고 "표시되지 않은 LMO가 유통되는 것은 아닐까?"라는 불신이 커졌다. 정부는 국민 신뢰 회복을 위해 LMO 통합관리 법률 제정의 필요성을 인식했으며 2000년대 중반 일부 대학·기업 연구소에서 LMO 실험실 누출·폐기물 처리 미비 사례가 보고되면서 "연구의 자유도 중요하지만 연구자와 국민의 안전을 확보할 법적 틀이 필요하다"라는 여론이 형성되었다.

LMO법은 단순히 규제법이 아니라, 국가 생명안전관리 체계의 기본법으로서 제정되었으며 입법 당시 정부(환경부, 농림부, 해양수산부, 산업자원부 등)는 생물다양성 및 생태계 보전, 국제 협약 이행 및 통상 리스크 최소화, 연구·산업의 안전한 발전 지원, 연구의 자유와 안전의 균형을 추구를 통해 '생명공학 진흥 중심'에서 '생명안전·윤리 병행' 시대로 전환한 상징적 사건이라 할 수 있다. 즉, 기술 진보를 억제하지 않으면서도 국민의 안전과 환경 보호를 제도적으로 담보한 첫 종합 법률이었다. 이 법을 계기로 정부는 LMO 수입·운반·보관·폐기 전 과정의 등록제를 시행했고, 대학·기업·공공연구기관에 LMO 안전관리자 지정과 안전교육 의무화를 부여했다. 이는 곧 연구윤리, 생물안전, 생물보안을 포괄하는 국가 생명안전 거버넌스 체계의 기초가 되었다.

4차 산업혁명과 함께 생명공학은 이제 학생들의 일상 속으로 들어왔다. 학교 과학실험에서 유전자 추출, 미생물 배양, 세포 변형 등의 기초 생명과학 활동이 일반화되면서, 과거 연구소에서만 다루던 기술이 교실로 확장되고 있다. 문제는 이러한 흐름에 비해 유전자변형생물체(LMO: Living Modified Organisms) 안전교육이 아직 대학·연구기관에만 머물러 있다는 점이다.

LMO는 생명공학기술로 유전자를 인위적으로 변형한 생물체를 말한다. 생명공학의 발전은 인류의 질병을 치료하고 식량 문제를 해결하는 데 기여했지만, 동시에 생태계 교란과 예기치 못한 유전자 확산 등 잠재적 위험을 내포하고 있다. 이러한 이유로 우리나라는 2008년 「유전자변형생물체의 국가간 이동 등에 관한 법률」(LMO법)을 제정해 연구·운반·보관·폐기 전 과정의 안전관리를 의무화했다. 그러나 현재 LMO 안전교육의 대상은 대부분 대학, 공공연구기관, 기업 연구소로 한정되어 있다. 하지만 청소년들이 처음 과학적 탐구를 배우는 공간이 바로 중고등학교다. 미래의 연구자와 시민이 될 학생들이 생명존중, 연구윤리, 생태적 책임의식을 학교에서 배우지 못한다면, 대학에서의 형식적 안전교육만으로는 실질적 연구안전문화를 확립하기 어렵다. LMO 교육은 단순히 '실험실 안전수칙'이 아니라, 과학기술을 다루는 태도와 윤리를 기르는 시민교육의 일환이 되어야 한다.

최근 일부 과학고와 영재학교에서는 유전자 재조합 실험, 미생물 활용 프로젝트 수업이 활발히 이루어지고 있다. 이런 상황에서 안전교육의 부재는 단순한 행정 미비가 아니라, 예방 가능한 사고를 방치하는 구조적 문제로 이어질 수 있다. LMO를 직접 다루지 않더라도, 학생들이 '생명정보를 조작하는 기술'의 사회적 함의와 책임을 배우는 것은 필수적이다. 그러므로 중고교 LMO 교육은 세 가지 방향으로 추진될 수 있는데 첫째, 과학교과서에 LMO와 생명윤리 관련 단원을 체계적으로 포함시켜 실험 중심이 아닌 윤리·환경 중심 교육으로 확장해야 한다. 둘째, 교육청 단위의 교사 연수 프로그램을 통해 현장교사들이 LMO법과 안전관리 절차를 이해하고 지도할 수 있도록 지원해야 한다. 셋째, 대학·연구기관과의 연계 교육을 통해 학생들이 실제 생명공학 실험의 위험성과 관리 절차를 경험할 수 있게 해야 한다.

LMO 안전교육은 '위험한 기술을 피하라'는 교육이 아니다. 기술의 힘을 안전하게 활용할 수 있는 시민적 역량을 기르는 과정이다. 과학기술이 인간의 삶과 생태계의 미래를 동시에 바꾸는 시대, 교육의 중심은 단순한 지식 전달이 아니라 '안전하게 연구하고, 책임 있게 활용하는 법'을 가르치는 데 있어야 한다.

이제 대학뿐 아니라 중·고등학교에서도 LMO 교육을 제도화해야 한다. 청소년들이 과학을 '배우는 존재'에서 '책임지는 존재'로 성장할 수 있을 때, 우리는 진정한 의미의 생명안전사회로 나아갈 수 있다.

2025년 11월 18일, 뉴스핌 기고문

생명안전 사각지대 방치하는 유전자변형생물체(LMO)법, 안전교육의무화 입법을 서둘러야 한다

유전자변형생물체(Living Modified Organisms, 이하 LMO)는 현대 생명과학의 핵심이지만, 동시에 잠재적 위험을 내포한 기술이다. LMO 연구는 의약, 농업, 환경 등 여러 분야에서 활용되지만, 안전관리가 미흡할 경우 생태계 교란이나 생물 유출로 이어질 수 있다. 이런 이유로 우리나라는 2008년 「유전자변형생물체의 국가간 이동 등에 관한 법률」(이하 LMO법)을 제정해 LMO의 연구, 보관, 폐기 전 과정을 엄격히 관리하고 있다.

이 법 제27조와 시행령 제26조는 LMO를 다루는 모든 취급자와 관리책임자가 하여야 할 위해방지조치로서 ① 안전관리자를 확보하고 배치할 것, ② 원인제거 및 피해방지에 관한 조치를 시행할 것, ③ 유전자변형생물체를 취급하는 자 등에 대한 안전교육 등 안전조치를 시행할 것, ④ 국가책임기관의 장에게 위해방지 조치와 관련된 정보를 신속하게 제공할 것을 규정하고 있다. 그러나 이에 대한 처벌규정이 없고 이를 어겼을 때의 제재도 대학이나 연구기관 내에서 지나치게 약하다.

LMO 교육 미이행은 단순한 행정 실수가 아니라 생명안전 체계 전체를 흔드는 중대한 위반행위다. 실험실에서 LMO를 다루는 학생·연구원들이 안전교육을 받지 않았다면, 폐기물 관리나 유전자 확산 방지 절차를 제대로 수행할 가능성은 낮다. 실제로 대학 실험실에서 LMO 시료가 일반폐기물로 버려지거나, 고위험시설의 출입통제가 부실한 사례가 적지 않다.

법의 목적은 사후처벌이 아니라 사전예방이다. 그러나 지금의 제재 수준은 예방 기능을 상실한 채 형식적 경고에 그치고 있다. 특히 대학의 경우, 교육을 누락한 교수나 기관은 행정처분 없이 단순 시정명령을 받는 수준이다. 반면 학생과 연구보조원은 교육 미이수 상태로 실험에 투입되어도 보호받지 못한다. 법의 책임 구조가 연구자 개인에게만 과도하게 전가되고, 기관 책임은 실질적으로 면책되는 셈이다.

따라서 LMO 안전교육 제도의 실효성을 높이기 위해서는 세 가지 개혁이 필요하다.

첫째, 의무교육 미이행 시 행정처분을 강화하는 규정이 필요하다. 단순 경고수준이 아닌, 기관 차원의 연구 중지 명령이나 국가 연구비 제한 등 실질적 불이익이 필요하다.

둘째, 교육 이수 여부의 데이터베이스화를 의무화하고, 정부가 매년 이를 공표해야 한다. 투명성은 곧 안전이다.

셋째, 기관장 책임 조항의 실질적 이행이다. 교육 미이행이 반복된 대학은 관리책임자(총장, 연구처장 등)에게 행정벌을 부과해야 제도의 신뢰성이 확보된다.

LMO는 생명과학의 발전을 상징하지만, 동시에 생명안전의 경계를 시험하는 거울이기도 하다. 생명안전은 선택이 아니라 의무이며, 형식적 교육으로는 결코 지켜질 수 없다. 지금의 미약한 제재를 방치한다면, 언젠가 '예방할 수 있었던 사고'를 후회하게 될 것이다.

정부와 대학은 LMO 교육을 단순한 행정 절차가 아닌, 생명안전의 첫 관문으로 인식해야 한다.

2025년 11월 25일, 뉴스핌 기고문

[상표보호정책]

과학자 창업주의 상표보호전략, 기술보호만큼 중요하다

2023년 특허청 통계를 보면 매출 규모가 작더라도, 전체 피해 브랜드 중 중소 브랜드(82%)가 중견 브랜드(9.4%)와 대형 브랜드(8%)에 비해 피해 건수가 더 많았다.

특히 도용 상표의 피해를 입은 산업들 중, 화장품 산업은 해외 상표 무단 선점에 의한 피해가 가장 컸다(약 20%). 그만큼 상표는 광고와 무관하지 않다.

오늘날 과학기술 기반 창업은 기술력만큼이나 브랜드 신뢰가 기업의 생존을 좌우한다. 연구실에서 출발한 기술이 시장으로 이전되는 과정에서, 상표권은 기술의 상징이자 투자 유치의 핵심 자산으로 작용한다.

그러나 기술창업이 연구자·학교·투자자·후속 법인 간 복잡한 지분 구조를 가지는 경우, 상표권의 귀속과 사용 과정에서 출처 혼동과 '부정사용' 문제가 빈번하게 발생한다.

과학자 창업주는 기술개발자이면서도 동시에 브랜드의 첫 번째 관리자이다. 상표의 이전, 공동 사용, 라이선스 부여 단계에서의 감독 의무와 '상당한 주의' 의무는 단순한 법적 형식이 아니라 기업가정신을 지키는 신뢰의 기초이다.

연구자 창업의 경우, 기술이전 후에도 대학이나 연구기관이 기존 브랜드를 계속 사용하는 경우가 많다. 예컨대 'Lab X'라는 이름으로 논문과 특허를 축적한 연구실이, 이후 'Lab X Bio Co., Ltd.'로 분사창업을 하더라도 소비자는 두 브랜드를 동일하게 인식할 가능성이 높다.

이때 출처 혼동 방지 조치 없이 공동 사용이 이루어지면 '부정 사용' 논란이 발생할 수 있다.

이를 예방하기 위해서는 다음과 같은 전환기 관리방안이 필요하다. 먼저 브랜드 공동 사용 시 소비자 안내 문구 또는 공동 라벨링을 허용하는 것이다. 다음으로 전환 후 일정 기간 내에 브랜드 일원화 계획을 수립하는 것이다.

이를 위해서는 상표 사용 가이드라인 및 캐릭터·로고 사용 기준이 법적으로 명문화되는 작업도 필요하다. 특히 사용권자에 대한 정기 모니터링 및 시정절차 마련에 있어 정부도 창업주와 중소 브랜드를 위한 노력을 함께 하여야 한다.

대법원(2017후2178 판결)은 상표권자가 사용권자에 대해 충분한 감독을 하지 않으면 등록취소사유가 성립할 수 있고 이때 상표권자의 의무는 단순한 소극적 주의가 아니라 적극적인 모니터링과 시정조치 의무를 의미하므로 과학기술 스타트업이 기술이전, 분사창업, M&A

등으로 브랜드를 이전하거나 분할할 때 반드시 고려해야 할 기준을 제시하였으나 구체적인 내용을 밝힌 것은 아니었다. 과학자 창업주가 가져야 하는 주의의무는 「민법」상 단순한 주의의무를 넘어선다고 보아야 하며 과학자 창업주는 브랜드 이전이나 공동 사용 시 전환기 관리체계를 갖추어야 한다.

첫째, 공동 사용 기간과 표시 방식을 명확히 규정한 계약을 체결하고, 소비자에게 브랜드 변경 사실을 안내해야 한다. 둘째, 사용권자에게 상표 사용 가이드라인을 제공하고, 분기별 점검 및 시정기록을 남겨야 한다. 셋째, 디지털 환경에서의 브랜드 사용(홈페이지, SNS, 앱스토어 로고 등)을 지속적으로 모니터링해야 한다. 이러한 관리체계는 법적 방어를 넘어, 브랜드 신뢰를 유지하는 기업가의 책임이다. 정책적으로도 상표 이전과 관련한 공동 사용 유예제도나 표준 체크리스트가 마련될 필요가 있다.

과학자 창업주는 기술이전이나 M&A 과정에서 상표 관리가 소홀하면, 기술가치보다 브랜드 리스크가 먼저 기업의 신뢰를 흔들 수 있음을 잊지 말아야 한다. 미국과 유럽은 이미 사용권자의 품질관리 의무를 엄격히 요구하고, 이를 소홀히 하면 상표권이 실효(abandonment)될 수 있다고 본다.

과학자 창업은 기술에서 시작하지만, 신뢰와 정체성은 브랜드에서 완성된다. 창업자들은 기술이전·M&A·분사 과정에서 자신이 쌓아 올린 기술적 노하우만큼 브랜드에 대한 관리는 소홀할 가능성이 높다. 그러다 보면 기술과 브랜드 노출과정 중 상표권 이전 이후의 혼동 위험과 창업자에게 꼭 필요한 경영의무인 브랜드 경영을 소홀할 수 있다.

기술이전·M&A·분사 과정에서 브랜드 전환의 법적·실무적 관리체계를 구축하는 것은, 과학자 창업주가 자신의 연구와 기업을 동시에 보호하는 가장 현명한 전략이다. 상표권자는 단순한 명의자가 아니라, 브랜드의 품질과 정체성을 지키는 '관리자'로서 과학자 창업주에게 상표는 기술의 또 다른 얼굴이다.

연구의 진정성을 브랜드로 이어가기 위해서는, 상표 이전과 사용의 전 과정을 투명하게 관리하는 '상당한 주의'가 필요하다. 기술이 기업의 뼈대라면, 브랜드는 그 기업의 얼굴이다. 과학자 창업이 진정한 성공으로 나아가기 위해서는, 기술 못지않게 브랜드도 연구의 일부로 다루어야 한다.

2025년 10월 28일, 뉴스핌 기고문

기술탈취 근절 방안…
중소기업 보호를 위한 제도적 설계가 필요하다

최근 정부와 국회가 '기술탈취 근절'을 위해 추진 중인 '한국형 디스커버리 제도', 이른바 전문가 사실조사 제도가 다시 주목받고 있다. 이 제도는 민사소송 전 단계에서 법원이 지정한 전문가가 기술탈취가 의심되는 현장을 방문하고 자료를 수집할 수 있도록 허용하는 것으로, 미국의 '디스커버리 제도(Discovery)'를 벤치마킹한 것이다.

취지만 놓고 보면 환영할 일이다. 기술자료 접근조차 어려운 중소기업들이 거대 기업을 상대로 소송에서 증거를 확보할 수 있는 유일한 통로가 될 수 있기 때문이다. 입증 책임이 중소기업에 집중되는 현실에서, 이 제도가 도입되면 기술을 지켜내기 위한 최소한의 실효성 있는 무기가 될 가능성이 있다.

그러나 문제는 이 제도가 중소기업에게 방패가 되지 못하고, 오히려 또 다른 칼이 될 수 있다는 점이다. 중소기업계 내부에서는 이미 "제도가 취지와 다르게 설계된다면, 우리는 언제든지 조사 대상이 될 수 있다"라는 우려가 제기되고 있다. 실제로 대기업이 하도급 중소기업을 상대로 역으로 '기술 침해'나 '계약 위반' 등의 이유를 들어 사실조사를 요구하게 되면, 그 대상은 중소기업이 된다. 무엇보다 조사 전문가가 제삼자임에도 불구하고, 기술 유출에 대한 확실한 방어 장치가 부족하다는 점이 심각하다. 중소기업이 십수 년간 개발한 핵심 기술이 외부 전문가의 손을 거치며 의도치 않게 유출될 가능성은 결코 배제할 수 없다. 더구나, 그 전문가가 경쟁 기업과 이해관계가 없다는 보장도 없다. 이해 상충 검증이나 윤리 의무 제도 없이 시행되는 전문가 조사는 자칫 영업비밀 보호라는 헌법적 가치를 위협할 수 있다.

비용 문제도 간과되어서는 안 된다. 전문가를 선임하고 조사 과정을 관리하는 데 드는 비용이 과연 누구의 부담이 될 것인가? 현재로서는 조사 대상 기업, 즉 중소기업이 그 부담을 고스란히 떠안을 가능성이 크다. 결국 정보는 노출되고, 비용은 부담하며, 방어할 권리는 상대적으로 제한되는 구조가 될 수 있다.

더욱이 이러한 사실조사 제도는 헌법상 영장주의 원칙과도 충돌할 여지가 있다. 사적 분쟁 단계에서 법원의 명령만으로 기업의 사무실과 설비, 심지어는 개발 노트까지 공개해야 한다면, 이는 영업의 자유와 개인정보보호라는 기본권을 침해할 수도 있다.

그렇다고 제도를 전면 반대하자는 이야기는 아니다. 중소기업 보호라는 제도의 원래 취지를 살리려면 제도적 안전장치를 함께 마련해야 한다. 조사 대상 선정 기준을 명확히 하고, 기술자료의 보안 유지 절차를 법제화해야 하며, 비용 문제 역시 국가가 일부 보조하거나, 공공기관 중심의 조사체계로 설계할 필요가 있다. 무엇보다 전문가 자격 심사 및 이해충돌 방지 제도는 핵심이다. 조사를 통한 증거 확보는 당사자 모두에게 치명적일 수 있는 만큼, 반드시 엄격한 중립성이 확보되어야 한다. 즉, 이 제도가 중소기업 보호라는 본래 취지를 실현하려면 몇 가지 보완 조치가 병행되어야 한다.

첫째, 조사 명령 요건에 "중소기업이 피해자인 경우"를 우선 고려하도록 법적 기준을 명확히 해야 한다.

둘째, 중소기업이 조사 대상이 될 경우 핵심 기술에 대해 비공개 열람 제한권을 행사할 수 있도록 해야 하며, 조사 결과는 법원 외 제삼자에게는 전면 비공개해야 한다.

셋째, 조사 전문가 선임 전에 중소기업이 이해충돌 여부를 검토하고, 필요시 기피할 수 있는 권리를 부여해야 한다.

넷째, 조사로 수집된 자료에 대해서는 법적으로 '자동 보안 등급'이 부여되도록 명문화하고, 유출 시 형사처벌이나 민사상 손해배상이 가능하도록 해야 한다.

마지막으로, 비용 부담 문제를 해결하기 위해 정부의 공공지원 체계를 강화하고, 특허청이나 중기부 산하의 '공공 전문가 조사단'이 초기 조사를 담당하는 방식도 고려해 볼 수 있다.

기술탈취로부터 중소기업을 보호하는 것은 단지 경제적 정의의 문제만이 아니다. 이는 대한민국 산업 경쟁력의 근간을 지키는 일이며, 기술혁신의 지속 가능성을 위한 사회적 안전망이다.

'디스커버리 제도'가 그런 사회적 도구가 되기 위해서는, 반드시 중소기업이 안심하고 이용할 수 있는 제도적 설계와 실질적 보호장치가 마련되어야 하고 한국형 디스커버리 제도가 기술탈취 피해 중소기업의 방패가 되기 위해서는 한 방향의 제도 설계가 아니라, 쌍방향의 균형 감각이 필요하다.

기술유용행위 신고포상금 산정 기준

〈포상금 지급기본액(현행)〉

과징금 부과 건		과징금 미부과 건
과징금 범위	과징금 대비 비율	시정명령(100만) 경고(50만)
~5억	5%	
5억~50억	3%	
50억~	1%	

⇒

〈포상금 지급기본액(개정)〉

과징금 부과 건		과징금 미부과 건
과징금 범위	과징금 대비 비율	시정명령(200만) 경고(100만)
~5억	20%	
5억~50억	10%	
50억~	2%	

2025년 7월 15일, 뉴스핌 기고문

기술탈취 입증책임 무게… 스타트업의 생존을 위협한다

기술탈취와 아이디어 부정 사용은 중소기업의 생존을 위협하는 중대한 리스크다.

그러나 피해 기업이 이를 입증하기란 극도로 어렵다. 특히 가해 혐의를 받는 기업이 증거를 사실상 독점한 상태에서는 현행 「민사소송법」의 증거 제도만으로는 분쟁 해결이 매우 제한적일 수밖에 없다.

최근 실제 진행 중인 A사와 B사 간 부정경쟁행위 분쟁은 이러한 구조적 문제점을 여실히 보여준다.

A사와 B사는 리뷰 기반 플랫폼을 공동 개발하기 위해 MOU를 체결하고 데이터 및 API를 상호 제공했다. 그러나 B사는 협력 기간 중 사전 승인 없이 유사 서비스를 개발했고, 이에 대해 특허청은 「부정경쟁방지법」 제2조 제1호 차목인 아이디어 부정사용을 근거로 시정권고를 내렸다.

하지만 B사는 권고를 따르지 않은 채 오히려 A사를 상대로 채무부 존재 확인 소송을 제기했고, A사는 반소로 부정경쟁행위금지 및 손해배상을 청구했다.

1심에서는 A사가 전부 패소하였으나 항소심에서 일부 승소하여 2,000만 원 배상 판결을 B사에게 받아냈으며, 현재 대법원 소송이 계속 중이다.

A사는 B사의 침해행위를 입증하기 위해 '서비스 개발 문서', '기획안', '내부 커뮤니케이션 기록' 등에 대한 문서제출명령 및 석명 신청을 여러 차례 법원에 요청했다.

하지만 B사는 매번 "해당 문서는 존재하지 않는다"라거나 '입증책임은 A사에 있으므로 응할 의무가 없다"라는 식으로 대응했다.

이에 따라 A사는 핵심 증거에 접근조차 하지 못한 채, 제한된 정황증거만으로 법정에서 불리한 입장에 서게 되었다.

「민사소송법」은 원칙적으로 당사자주의와 입증책임 분담에 따라 운영되며, 상대방이 스스로 보유한 자료를 제출하지 않으면 법원이 강제할 수 있는 수단은 극히 제한적이다. 문서제출명령도 "특정 문서"에 대해 "존재 여부와 소지자"가 구체적으로 특정되어야 하며, 석명도 "답변 강제력"이 없고, 비협조 시 제재가 미미하다.

그 결과, 기술탈취나 영업비밀 침해 등 비대칭적 정보구조가 핵심인 사건에서 피해자는 사실상 입증 불능의 늪에 빠지게 된다.

미국 민사소송법상 디스커버리 제도는 증거를 상대방에게 '요청'하는 것이 아니라, 법원이 '강제'할 수 있는 절차로 인정된다. 문서를 요구, 증인신문, 서면답변, 전자정보 제출 등이 폭넓게 가능하며, 거부 시

제재도 실질적으로 작동한다. 이 제도는 국내 현실에 있어 먼저 정보 비대칭을 해소할 수 있을 것으로 기대된다.

기술 분쟁에서 핵심 자료는 침해자 측에만 존재하므로, 법원의 적극적 강제력을 통해 실체적 진실에 접근이 가능해지는 것이다. 또한 소송을 지연하는 것을 방지하거나 조기 종결 가능성도 높아진다. 핵심 증거가 초기 단계에서 확보되면, 불필요한 증인신문과 장기 항소를 막고 조기 화해를 유도할 수 있게 된다.

그 밖에도 입증책임의 형평성을 회복할 수 있다. 피해자에게 과도하게 부과된 입증책임을 완화하고, 가해자 측의 책임 회피 전략을 차단할 수 있게 되는 것이다. 결국 이 제도를 규정할 곳은 「부정경쟁방지법」 또는 「중소기업기술보호법」 내라고 할 수 있다. 두 법 중 어딘가에 특례조항을 마련하여 일정한 사안, 예를 들어 기술침해, 플랫폼 아이디어 도용 등에 한해 디스커버리와 유사한 절차를 허용하게 하는 것이다.

또한 전속관할 법원 또는 기술전담부서 내 '비밀정보공개 심리절차'를 신설하거나 제3의 중립기구, 예를 들어 기술조사관, 특별심리관 등이 비공개 자료를 열람·심리하는 절차를 도입하는 것도 방법이 될 수 있다.

그 밖에도 문서 제출 불응 시 불리한 추정 도입 및 과태료·패소 간주 등 제재를 강화하여야 한다. '증거를 보지 못한 정의'는 어디까지나 절반의 정의일 뿐이다.

A사의 사례는 단지 한 기업의 피해가 아니라, 기술혁신을 이끌어온

수많은 스타트업과 중소기업이 마주한 현실을 대변한다. 혁신의 아이디어를 보호하기 위한 법은 존재하지만, 그 법을 입증할 수 없는 구조라면 그 법은 '이름뿐인 법'에 불과하다. 지금이야말로 「민사소송법」에 디스커버리 제도와 같은 현실적 증거 개시 제도를 도입해야 할 때이다. 법은 정의로 나아가는 길이 되어야 하며, 정의는 증거의 기반 위에 세워져야 한다.

2025년 7월 22일, 뉴스핌 기고문

제4장

문화예술과 법

[저작권정책]

AI 그림, 창작자 인정 여부 "노동이론"으로 접근해야 할까, "유인이론"으로 접근해야 할까

생성형 인공지능이 그림을 그리는 시대가 왔다. Midjourney, DALL·E, Stable Diffusion 같은 AI 툴은 이미 방대한 학습 데이터와 정교한 알고리즘을 기반으로, 전통 화가나 디자이너의 작품에 맞먹는 수준의 이미지를 만들어낸다. 2022년 미국 콜로라도 주립 박람회에서 AI가 만든 작품 Théâtre D'opéra Spatial이 디지털 아트 부문 1등을 차지했을 때, 상금은 고작 300달러였지만 파장은 그 이상이었다.

"AI도 창작자인가?"라는 철학·법률·사회적 논쟁의 불씨가 붙은 것이다. 우리가 저작권을 부여하는 이유는 크게 두 가지 관점으로 나뉜다.

첫째, '노동이론'은 창작은 정신적·육체적 노동의 결과이므로 그 대가를 보호해야 한다는 입장이다. 둘째, '유인이론'은 창작물 보호가 사회와 문화 발전에 기여하는 경우에만 권리를 부여해야 한다는 입장이다.

우리 법원은 대체로 유인이론에 가깝다. 창작성이 낮으면 보호할 가치가 없다는 것이다. 그러나 AI 그림은 단순히 기계가 찍어낸 결과물이 아니다. 프롬프트를 고안하고, 구성과 스타일을 설계하는 '정신적 노동'이 개입된다면, 이를 완전히 배제하는 것은 시대착오적일 수 있다.

AI 아트의 등장은 미술시장의 지형을 바꾸고 있다. 누구나 AI 툴을 이용해 창작에 참여할 수 있는 시대가 열리면서, 디지털 아트 시장의 문턱은 낮아졌다. 이는 전통 미술시장을 위축시킬 수도 있지만, 반대로 작품 다양성과 대중 접근성을 높여 오히려 전통 시장의 가치를 끌어올릴 수도 있다. 또한 AI 아트는 NFT, 광고, 게임 디자인, 영화 배경 등 다양한 산업으로 확장될 여지가 크다. 다만 전통 예술인의 생계 위협을 완화하기 위해 '인공지능 저작물 발전기금' 같은 재분배 장치가 필요하다는 목소리도 커지고 있다.

미국은 '인간의 창작성'을 저작권의 필수 요건으로 본다. 인간이 결과물을 통제·편집·수정한 부분만 보호하며, AI가 전적으로 만든 이미지는 보호 대상이 아니다. 반면 중국은 AI 생성물도 일정한 인간의 개입이 있으면 저작권을 인정한다. 프랑스·독일 등 대륙법계는 '창작자의 개성'이 드러나야 보호하며, 기계적 산출물은 배제한다.

우리나라는 현재 AI 산출물에 대해 상당히 보수적인 입장이다. AI가 만든 이미지는 저작권 등록이 원칙적으로 불가하다. 그러나 이는 급성장 중인 AI 산업 환경에 맞지 않다.

인간이 창작 과정에 본질적으로 개입한 경우의 AI 보조 창작물은 일반 저작물로 보호하고, 인간 개입 없이 AI가 만든 경우의 AI 독립 창작물은 데이터베이스 제작자 권리처럼 공표 시점부터 5년간 한시적 보호하는 등 새로운 질서가 논의되어야 한다. 이렇게 구분하면 전통 예술과 디지털 아트 시장이 균형을 찾을 수 있고, AI 창작기술 산업에도 안정성을 줄 수 있다.

AI 학습 과정에서 저작권 침해 논란은 피할 수 없는 과제다. 유럽연합·일본은 이미 TDM(Text and Data Mining) 규정을 도입해, 일정 조건에서 저작물 학습을 허용한다. 일본은 영리·비영리를 불문하고 전면 허용할 정도다. 우리나라는 TDM 제도에 대한 도입이 수차례 논의되었으나 결국 부작위하고 있다. 그러나 AI 기업이 '법적 불안정' 없이 AI 기술 개발에 투자할 수 있을까? AI는 이미 시대적 흐름이고 공존을 위한 법제 개혁을 요구하고 있다. AI 창작물에 대한 논의는 '위협'이 아니라 '가능성'의 관점에서 이뤄져야 한다. 창작성 판단을 인간 중심에서만 보지 말고, AI 보조, 독립 창작물로 구분해 보호 수준을 달리하여 같은 것을 같게, 다른 것을 다르게 보는 형평성을 생각해야 한다. 또한 학습 데이터의 적법성을 담보하기 위해 TDM 규정을 지금이라도 늦었지만 도입해야 한다.

그리하여 이로 인해 발생한 이익은 전통 예술계 지원을 위한 재분배 기금으로 마련할 필요가 있다. AI 시대, 인간과 인공지능이 협력해 더 풍부한 창작 환경을 만드는 출발점은 바로 「저작권법」의 개혁이다. 기술을 막는 대신, 사회와 산업이 함께 성장하는 '법의 그물'을 촘촘하게 짜야 할 때다. 오직 기술을 위협이 아닌 가능성으로 보는 시각이, 예술과 산업의 공존을 여는 열쇠다.

2025년 9월 23일, 뉴스핌 기고문

[저작권정책]

AI가 만든 내 목소리, 법은 어떻게 지켜줄까?

인공지능(AI)이 몇 초의 음성만으로 사람의 목소리를 거의 완벽히 복제하는 시대가 도래했다. 연예인이나 정치인의 목소리를 그대로 광고에 쓰고, 고인이 된 가수를 AI로 '소환'한 신곡이 나오며, 심지어 일반인의 목소리까지 사기에 활용되는 현실이다. 이른바 '음성 디지털 레플리카'는 산업적 가능성과 더불어 심각한 권리 침해 우려를 동시에 안고 있는 것이 사실이다.

미국 뉴욕 연방법원의 최근 판결에서 성우 Paul Lehrman과 Linnea Sage는 AI 음성 클론 제공업체 LOVO가 자신의 목소리를 무단 사용하는 행위가 뉴욕주 퍼블리시티권을 침해한다고 제소했다. 연방법원은 저작권·상표권 청구 대부분은 기각했지만, 퍼블리시티권 침해 주장은 인정 가능하다고 판단하며 소송 진행을 허용했다.

이는 AI 음성복제가 실제 법적 쟁점이 될 수 있음을 보여주는 첫 사례라 할 수 있다. 이후 테네시주의 2024년 제정된 ELVIS법은 AI로 음성을 모방하는 행위를 음성·초상·이름을 포함한 퍼블리시티권 침해로 명시하고, 양도·상속 가능한 재산권으로 보호하도록 규정하였다. 특히 AI 사용자를 포함한 플랫폼 사업자에게도 책임을 부과하게 되었다.

이는 AI 시대에 맞춰 퍼블리시티권 보호를 확대한 최초의 주법 사례로 주목된다. 중국의 첫 AI 음성권 관련 판결에서 중국 법원은 AI 생성 음성이 대중이 쉽게 특정 인물로 인식할 경우 인격권(voice rights) 침해로 보고, 원보유자의 허가 없이 AI 목소리를 제작한 행위에 대해 손해배상 및 사과 명령을 명령한 바 있다.

최근 덴마크는 개인의 이미지·목소리를 포함한 신체적 특징에 대한 저작권 부여를 추진 중인데 이는 AI 딥페이크에 대응하기 위한 법적 장치이며, 패러디나 풍자와 같은 예외도 포함된다는 점에서 균형 있는 입법으로 평가할 수 있다. 우리나라에서 문제는 역시 '법적 공백'이 아닐 수 없다.

발달하는 AI 보안기술에 비해 이 기술에 타당성을 줄 퍼블리시티권의 불명확성(「부정경쟁방지법」에서 연예인 등 인기인만 일부 인정)은 음성 자체에 대한 상업적 가치 인정과 법적 보호 수단이 부족한 셈이다. 그래서 「저작권법」이나 「부정경쟁방지법」에 기대는 수준에 그치며, AI 음성복제처럼 원본인의 동일성이 재현된 사례에서는 여전히 권리 구제가 어렵기 때문에 중국과 같이 인격권 침해로 접근해야 한다.

결국 이러한 문제는 앞으로 사라질 수 있는 법적 문제가 아니라 디지털 시대 반드시 우리가 적극적으로 필요한 대응 방안을 마련해야 할 부분이다. 그래서 입법 수준에서 '음성 퍼블리시티권'을 명문화하고 ELVIS법이나 덴마크 제안을 참고해, 생전·사후 활용 가능하고 양도·계약 가능한 법적 권리를 규정해야 한다. 즉, 무단 복제·상업 이용에 대한 명확한 금지 규율과 예외 규정 설정하여야 한다. 표현의 자유도 존중받아야 할 중요가치로서 공익 목적의 풍자·패러디는 보호하고, 상업 목적으로 사용 시 권리자 동의가 필수임을 규정해야 한다는 것이다. 또한 플랫폼 및 기술 제공자에게 출처 표시, 콘텐츠 검증, 투명성 등 책임을 부과하여 이에 대해 스스로 적극적인 책임분산을 위한 조치 등을 마련해야 한다.

그리하여 플랫폼 사업자에게 이익이 발생하는 곳에 책임도 함께 주어 AI 음성 생성의 유통 구조에 책임을 분산시키고, 권리 남용을 예방할 수 있다. 이러한 사건의 분쟁 추이를 보고 계속적 증가가 문제 된다면 피해자 구제를 위한 신속한 절차 마련과 소비자 인식 제고도 필요하다. 이를 소비자분쟁으로 볼지, 인격권분쟁으로 볼지 등 정부는 진지하게 논의를 시작하여 피해자에게는 표현 삭제, 손해배상 등 실질적 구제수단이 확보되어야 하며, 일반인을 대상으로 한 홍보도 병행돼야 한다.

AI 기술은 멈추지 않는다. 목소리는 단순한 소리가 아니라, 개인의 정체성과 신뢰가 담긴 중요한 '디지털 자산'이고 기술로 인하여 우리가 우리 모습을 모두 숨겨야 한다면 이는 기술의 폭력임을 잊지 말아야 한다. AI 음성복제가 보편화되는 순간, 법적 제도가 따라잡지 못한다면 우리는 언젠가 자기 목소리를 타인의 상품이자 데이터로 인식하게 될지 모른다. 지금이 바로, AI 시대 퍼블리시티권을 법적으로 재정립할 마지막 기회라고 입법자들은 접근해야 할 것이다.

2025년 9월 2일, 뉴스핌 기고문

[저작권정책]

남북 저작권 갈등,
상호주의대로의 대응과 무대응 중 해법은 무엇일까

남북이 교류·협력을 확대하려면 법적 장치가 튼튼해야 한다. 그중에서도 문화 교류는 민족 동질성 회복의 핵심이며, 저작권과 특허권 같은 지식재산권 보호가 중요한 출발점이다. 통일을 준비하는 첫걸음은 법과 제도의 격차를 줄이는 것이다. 저작권 보호가 상호적으로 이뤄질 때, 남북 간 문화 교류는 신뢰 속에서 지속될 수 있다.

남북 간의 교류·협력을 진정으로 활성화하려면 물자와 인적·문화 교류의 물꼬를 터주는 법적 장치가 필수적이며 이를 위해 「남북교류협력에 관한 법률」을 개정하고, 교류 과정에서 발생할 수 있는 분쟁을 명확히 해결하기 위한 규정을 마련하는 것이 시급하다.

그러나 무엇보다 중요한 것은 '문화 교류'이며, 그 핵심은 저작권·특허권 등 지식재산권의 상호 보호에 있다. 현재 북한 저작물을 남한에서 이용하려면 남북경제문화협력재단(경문협)을 통해 북한 저작권사

무국과 계약을 체결하고, 통일부 승인을 거쳐 저작권료를 지급하는 절차를 밟아야 한다.

2006년부터 2017년까지 860건의 계약이 체결되었지만, 실질적으로 저작권자에게 사용료가 전달되지 않는 경우가 많았다. 반면 북한은 우리 저작물을 이용하고도 사용료를 지급하지 않는다. 북한 저작권법 제32조는 '국가관리에 필요한 저작물'은 저작권자 허가 없이 복제·방송할 수 있도록 하고 있어, 사실상 남측 저작물 보호 의지가 없음을 드러낸다.

법원은 과거 북한을 헌법 제3조상 '미수복지역'으로 보고 저작권 보호를 인정했지만, 이는 북한의 무대응과 상호주의 부재라는 현실 앞에서 설득력을 잃고 있다. 미수복지역 관점은 북한에 일방적인 혜택을 제공하는 구조로, 남측 권리자와 이용자 사이의 형평성도 해친다.

북한은 2003년 베른협약에 가입했으나, 국제 표준에 맞는 저작권 보호 체계를 갖추지 않았다. 권리 제한 폭이 넓고, 외국인 저작물 보호 규정도 사실상 이행되지 않는다. 국제 지식재산권 보호를 담보할 수 있는 WTO 무역관련지적재산권협정(TRIPS)도 미가입 상태다. 미국이 중국의 지재권 침해를 WTO에 제소해 개선을 이끌어낸 것처럼, 북한도 국제무역 질서에 편입돼야 제재와 개혁이 가능하다. 그러나 WTO 가입에는 구조 개혁과 장기간의 협상이 필요해 단기간에 성과를 기대하기 어렵다.

앞으로는 북한을 현실적으로 '하나의 국가'로 보고, 상호주의 원칙을 바탕으로 저작권 정책을 설계해야 한다. 그런 취지에서 첫째, 「남북

교류협력에 관한 법률」을 개정해 북한을 외국에 준하는 교류·협력 대상국으로 규정하고, 저작권 사용료 지급을 조건부로 전환해야 한다.

둘째, 북한이 WTO에 가입해 국제 규범을 수용하도록 외교적·경제적 유인을 제공하고, 이를 통해 저작권 보호 의무를 법제화하게 해야 한다.

셋째, 미국의 '슈퍼 301조'처럼 무역제재 수단을 적극 검토해 북한의 저작권법 개정과 준수를 압박해야 한다.

통일은 법·제도적 이질감을 최소화하는 데서 출발한다. 북한이 저작권 사용료를 지급하고, 공정 이용 범위에서도 보상금 제도를 운영하는 등 국제 표준을 따를 때 남북 간 문화 교류의 신뢰가 회복될 수 있다. 이를 위해 투자·무역 관련 법령을 정비하고, 한·중·미 간 공동위원회처럼 남북 공동위원회를 구성해 자료 제출과 협의를 제도화해야 한다. 헌법 제3조 해석의 변화와 법 개정, 그리고 국제 규범 준수 압박이 병행될 때, 남북 저작권 교류는 비로소 '상호주의' 위에서 지속 가능한 협력의 길을 걸을 수 있을 것이다.

2025년 9월 30일, 뉴스핌 기고문

[저작권정책]

대학교수의 TTS 강의, '강의 이행'이라 할 수 있는가

바야흐로 올해도 대학의 2학기가 끝나간다. 저자는 대학신문 기자들에게 취재요청이 오면 늘 도움을 주고자 하다 보니 올해 많은 대학신문 기자들에게 공통적으로 받았던 질문이 이번 학기를 정리하며 떠올랐다. 바로 '대학교수의 TTS 강의'가 교수의 강의로 볼 수 있는가의 문제이다. 「고등교육법」 제14조 제2항은 "학교에 두는 교원은 총장이나 학장 외에 교수·부교수·조교수 및 강사로 구분한다"라고 하고 있고 제15조 제2항에서는 "교원은 학생을 교육·지도하고 학문을 연구하되, 필요한 경우 학칙 또는 정관으로 정하는 바에 따라 교육·지도, 학문연구 또는 「산업교육진흥 및 산학연협력촉진에 관한 법률」 제2조 제6호에 따른 산학연협력만을 전담할 수 있다"라고 규정하고 있다.

그러므로 학생을 교육, 지도하는 방법에 대해서는 구체적으로 예시화하지 않고 있기 때문에 학칙 또는 정관에서 정하는 바에 따라 교육과 지도를 하여야 한다.

인공지능 음성합성(Text-to-Speech, TTS) 기술이 빠르게 보급되면서, 대학 강의 현장에도 변화의 바람이 불고 있다. 최근 일부 교수들이 자신의 음성을 학습시킨 TTS 시스템을 이용해 강의 영상을 제작하거나, 음성만 자동으로 생성된 'AI 강의'를 업로드하는 사례가 늘고 있는데 이는 이러한 방식의 강의가 과연 대학교수(교원)의 '강의 이행'으로 볼 수 있는가 하는 점이다. 대부분의 대학교육인증기준은 '교수의 직접적 수업 참여와 학생과의 상호작용'을 교육의 본질로 본다. 강의는 단순히 지식을 전달하는 행위가 아니라, 학생의 이해 수준을 파악하고, 질문·토론·피드백을 통해 학습을 심화시키는 상호적 과정이다. 따라서 교수의 TTS 음성만이 재생되는 일방적 콘텐츠가 '강의 이행'으로 인정될 수 있는지는 매우 신중히 따져야 한다.

먼저 채무불이행 책임이 성립한다는 견해가 있을 수 있다. 이 견해는 교수의 강의 의무를 단순한 '지식 전달'이 아니라, 직접적·대면적 교육행위의 이행 의무로 본다. 대학교수는 학생과 학교 간의 교육서비스 계약에 따라 강의·지도·평가를 성실히 수행할 채무를 부담하며, 이는 교수의 '직접적 행위'를 전제로 한다. 따라서 TTS 음성만으로 자동 생성된 강의는 교수의 실제 강의 이행이 아닌 대체수단에 불과하며, 교육계약상 급부의 본질적 부분을 결여했다는 것이다. 즉, 교수의 직접적 참여 없이 제작된 TTS 강의를 일방적으로 제공하는 방식은 「민법」 제390조의 채무불이행(이행지체 또는 불완전이행)에 해당할 수 있다. 특히 학생의 등록금은 강의·상호작용·피드백 등을 포함한 교육서비스에 대한 대가로 납부된 것이므로, 교수의 육성이나 실시간 피드백이 결여된 TTS 강의는 '불완전이행'으로 평가될 수 있다. 이 논리를 지지함에 있어서 교육 및 연구의 수행이라는 교원의 직무는 인격적·지적 지도 행위를 포함하는데, 이는 기계음성으로 대체될 수 없는 영역이라는 점에서 '이행의무 위반'이라는 논리가 성립한다.

결국, 교수의 TTS 강의는 학생의 교육권을 실질적으로 침해할 소지가 있으며, 학교는 감독 의무를 다하지 않은 경우 사용자책임 내지 공동불법행위책임이 병존할 수 있을 것이다.

한편 기술발전과 교수의 교육재량을 중시하는 견해는 TTS 강의도 강의 이행으로 인정될 수 있다고 볼 수 있을 것이다. 교수의 강의 의무를 '교육콘텐츠의 제공'이라는 결과의무로 해석한다면 교수의 음성이 직접 전달되었는지 여부보다, 강의 내용이 동일하게 전달되고 학생이 학습성과를 달성할 수 있다면, 법적으로는 '이행 완료'로 평가할 수 있다는 것이다. 또한, 온라인 강의 시대에 교수의 직접 녹음 강의와 TTS 음성 강의 사이의 실질적 차이는 점점 줄어들고 있다. TTS 기술의 품질이 향상되면서, 교수의 음성을 기반으로 한 합성강의는 '교수의 저작물'로 볼 수 있고, 이는 위탁형 교육이행의 한 형태로 인정될 여지가 있으며 교육의 본질을 '상호작용'보다 '콘텐츠 전달'에 두는 한, TTS 강의는 불완전이행이 아니라 정상적 계약이행의 한 방식으로 평가될 수 있다.

TTS 기술의 장점을 생각해 보면 TTS는 발음·청취에 어려움을 겪는 학생을 위한 접근성 보조수단이 될 수 있고, 시간 제약이 큰 온라인 강의 제작 과정에서 교수의 부담을 줄이는 장점도 있다. 하지만 이러한 기술적 편의가 교수의 '책임 있는 교육 행위'를 대체할 수는 없다. 교육의 본질은 어디까지나 상호작용(interaction)에 있으며, 이는 현재의 TTS 기술이 구현할 수 없는 영역이다. 또한, 대학 강의는 단순 콘텐츠 제공이 아니라 교육서비스 계약의 이행이라는 점에서 법적 성격이 분명하다. 교수의 강의는 학문적 판단과 교육적 배려가 결합된 창의적 노동으로, 이를 AI 음성으로 대체하면 학생이 계약상 기대한 교육서비스의 실질적 이행이 이루어졌다고 보기 어렵다. 만약 대학이 이러한 AI 강의를 제도적으로 허용하거나 묵인한다면, 학생의 등록금 납부에 따른 정당한 교육권을 침해하는 결과로 이어질 수 있다.

궁극적으로 문제의 핵심은 '기술'이 아니라 '책임'이다. 교수의 강의는 단순한 콘텐츠 제작이 아니라, 교육에 대한 사회적 신뢰의 표현이다. TTS 음성으로만 이루어진 강의는 교수의 직접적 교육 행위가 결여된 상태이며, '강의 이행'으로 인정하기 어렵다. 다만 교수의 육성 강의를 보조하거나 보완하는 범위 내에서 TTS를 활용하는 것은 허용될 수 있다.

AI 기술이 발전할수록 교육의 본질적 가치가 더 중요해진다. 대학은 강의의 '형식'보다 '책임'과 '상호성'을 중심으로 평가 기준을 세워야 한다. 교수의 목소리를 대신할 수는 있어도, 교수의 존재를 대체할 수는 없다. 물론 채무불이행으로 보는 견해와 그렇지 않은 양 견해 모두 일정한 타당성을 가진다. 그러나 교육의 법적 관계를 단순한 계약 이행으로만 볼 수는 없다. 대학교수의 강의는 '교수와 학생 간의 상호작용을 통한 학문 전수'라는 사회적 신뢰를 기반으로 하며, 이는 음성합성

기술로 대체할 수 없는 영역이다. 따라서 TTS 음성만으로 제작된 강의는 최소한 교육의 실질적 이행으로 보기 어렵고, 일정 부분 채무불이행책임 내지 품질상 불완전이행으로 평가될 수 있다. AI가 음성을 흉내낼 수는 있지만, 교수의 학문적 판단과 학생을 향한 책임까지 복제할 수는 없다. 기술이 편리함을 줄 수는 있어도, 교육의 신뢰를 대신할 수는 없다는 점을 대학교수들은 잊어서는 안 되겠다.

2025년 12월 2일, 뉴스딤 기고문

가상자산 담보제도, 신중한 접근이 필요하다

최근 블록체인 기반의 가상자산이 재산적 가치를 지닌 객체로서 법적 보호를 받을 수 있는가에 대한 논의가 활발히 전개되고 있다. 특히 "디지털 자산을 기존 민사재산법 체계에서 어떻게 해석하고 수용할 것인가"에 대한 논쟁은 단순한 이론적 문제가 아닌, 실제 강제집행·담보설정·몰수 등 실무와 직결되는 사안이다.

영국은 이러한 기술적 변화에 대응하여 기존 법체계의 원리를 유연하게 확장하는 접근을 취하고 있다. Law Commission은 '지배(control)'보다는 '경합성(rivalrousness)' 개념에 초점을 두며, 디지털 자산에 대해 독립적인 제3 범주의 재산 유형(tertium quid)을 제시하였다. 이들은 'things in possession(유체물)'이나 'things in action(청구권)'과 구분되는 새로운 분류로, 블록체인 기반 자산의 희소성과 배타성을 중심으로 법적 지위를 설정하려 한다.

실제 판례에서도 이러한 시도는 감지된다. 예컨대 D'Aloia v. Bitkub 사건에서는 암호자산에 대해 '의제 신탁(constructive trust)'이

적용될 수 있다는 가능성을 시사하였으며, Tulip Trading 사건은 비트코인에 대한 통제 주체를 기준으로 법적 소유권을 논의하였다. 이와 같은 영국의 해석은 디지털 자산을 단순한 계약상의 권리가 아닌, '소유권 또는 물권적 지위'로 인정하려는 방향을 보여준다.

반면, 우리나라는 여전히 「민법」상 '물권법정주의'에 기초하여 디지털 자산을 물건으로 보는 데 제약이 많다. 그럼에도 불구하고 일부 형사사건에서는 가상자산의 재산적 성격을 인정하는 방향으로 변화하고 있다. 2017노7120 판결에서 법원은 비트코인이 "물리적 실체는 없으나 환전과 재화 구입이 가능하여 유·무형 재산에 해당한다"라며 몰수의 대상이 될 수 있음을 인정하였다. 대법원도 해당 판결을 확정하며 디지털 자산이 범죄수익 몰수의 객체가 될 수 있음을 명확히 하였다.

그러나 제도는 여전히 미비하다. 대검찰청에 따르면, 2018년부터 2024년까지 약 320억 원 규모의 가상자산이 압수되었으며, 남부지검 가상자산합수단만 해도 1,561억 원 이상을 몰수했다. 하지만 현행법에는 이들 자산의 매각 방식·시점·절차에 대한 기준이 존재하지 않는다. 초기에는 검찰 직원의 개인계좌를 통한 매각도 있었고, 최근에야 일부 법인계좌 개설이 허용되며 투명성이 개선되었을 뿐이다. 시장충격 방지를 위한 TWAP(Time-Weighted Average Price) 분할매각 권고 역시 아직 제도화되지 않았다.

민사상에서도 변화가 있다. 서울중앙지방법원은 「민사집행법」 제243조를 유추 적용하여 거래소에 보관된 가상자산을 집행관에게 인도하라는 판결을 통해 가상자산 강제집행의 가능성을 열었다. 이는 집행 인프라의 한계를 극복하려는 중요한 진전이다.

그러나 디지털 자산의 법적 소유권을 '담보권 설정의 객체'로 보기 위해서는 보다 정교한 제도 설계가 필수적이다. 단순히 외국 사례를 수입하거나 기존 개념을 확장하는 데 그칠 것이 아니라, 다음과 같은 조치가 병행되어야 한다.

첫째, 지배 개념의 명확화이다. 디지털 자산은 외형적으로 인식 가능한 대상이 아니며, 다중 서명 구조나 탈중앙화된 네트워크에서는 실질적 지배자의 특정이 어렵다. 법적 책임 귀속 또한 분산될 수밖에 없다.

둘째, 공시·공신력 체계 구축이 필요하다. 담보권 설정과 양도의 전제가 되는 소유권 관계의 투명성을 확보하려면 공시체계와 등기 유사 시스템이 필요하다.

셋째, 기술-제도 통합 인프라가 준비되어야 한다. 디지털 키의 분실, 해킹, 사기 등 기술적 위험에 대응하기 위한 보안체계와 법적 보호장치가 병행되어야 한다. 넷째, 유형별 분류체계를 확립하여야 한다. 영국의 제3 범주 이론처럼, '지배 가능성', '양도 가능성', '경합성'을 기준으로 가상자산의 법적 지위를 세분화할 필요가 있다.

결론적으로, 디지털 자산을 단순히 기존 민사법상의 '물건' 개념에 편입시켜 담보권의 객체로 수용하는 것은 법체계의 일관성과 안전성을 저해할 수 있다. 영국의 시도는 참고할 만하지만, 우리 법제에 이식하기 위해서는 보다 정밀한 이론 검토와 함께 기술 현실을 반영한 입법적 준비가 선행되어야 한다. 무엇보다도 디지털 자산의 '법적 지위'를 둘러싼 개념 정립, 권리 보호, 실행 수단이 함께 마련되어야 할 것이다.

2025년 6월 24일, 뉴스핌 기고문

가상현실게임, 이용자 안전법제가 비어있다

요즘 놀이공원, 쇼핑몰, 관광지 어디를 가도 가상현실(VR) 체험장은 빠지지 않는다. 메타 퀘스트, 플레이스테이션 VR로 즐기던 VR 게임이 이제는 PC 플랫폼과도 연동되면서, 집 안과 밖을 가리지 않고 누구나 손쉽게 접할 수 있게 되었다. 그러나 법과 제도는 여전히 '모니터 앞에서 조작하는 2차원 게임' 수준에 머물러 있고, 실제 공간을 온몸으로 활용하는 가상현실 게임의 특성을 따라가지 못하고 있다.

현행 「게임산업진흥에 관한 법률」은 게임물의 목적이 오락이든, 학습이든, 운동효과든 가리지 않고 모두 게임물로 본다. 실제로 정부도 VR을 단순 오락을 넘어 양자과학기술 교육, 재난·안전체험 등 다양한 공공 영역에서 활용하기 시작했다. 문제는 이렇게 현실과 깊게 맞닿은 가상현실 게임이, 기존 법체계 안에서 "정확히 어디에 속하는지" 조차 불명확하다는 점이다.

이를 보완하기 위해 「문화산업진흥 기본법」은 디지털콘텐츠 정의에 "현실과 유사한 환경을 구현하여 이용자에게 몰입감 있는 경험을 제공하는 실감콘텐츠”를 명시하는 개정을 추진했고, 「가상융합산업 진흥법」은 메타버스를 국가 전략산업으로 규정했다. 문화 영역에서는 ‘실감기술’, 신산업 영역에서는 ‘가상융합기술’, 과거에는 ‘가상·증강현실산업’, 정책 홍보에서는 ‘메타버스’라는 용어가 뒤섞여 부처별 관장 범위도 분절적으로 나뉘어 있는 것이 현실이다. 이제는 국제적으로 통용되는 ‘가상현실(VR)’·‘증강현실(AR)’을 중심으로 용어를 정리하고, 과기정통부·문체부·산업부·공정위 등이 같은 언어를 쓰며 역할을 분담하는 방향으로 법·제도 정비가 필요하다.

가상현실 게임이 기존 게임과 결정적으로 다른 지점은 “몸 전체가 게임 속으로 들어간다”는 점이다. 화면 속 폭력성·선정성·사행성만 따지던 시대와는 다른 차원의 위험이 등장한 것이다. 대표적인 것이 사이버 멀미(cyber sickness)다. 실제 몸은 가만히 있는데 시야 전체를 덮는 화면이 계속 움직이면서 어지럼증, 메스꺼움, 두통, 공간 감각 상실 등이 나타난다. 국내외 연구에서도 이동 속도, 장면 복잡도, 시야각, 회전축 등이 멀미를 유발하는 요인으로 확인되고 있지만, 현행법상 ‘게임물 내용 정보’는 여전히 폭력·선정·사행 정도에 머물러 있다. 이 게임이 어느 정도 멀미를 유발할 수 있는지, 특정 질환자에게는 어떤 위험이 있는지에 대해 이용자가 알 수 있는 구조가 아니다.

국제등급분류연합(IARC) 체계에서 폭력·약물·성적 콘텐츠·도박·혐오표현·인게임 결제 여부까지는 촘촘히 표시되고 있지만, 정작 VR 환경에서 핵심적인 “멀미 위험도”는 빠져 있다. 가상현실 게임 이용자가 급속히 늘어나는 현 상황에서 이는 방치할 수 없는 공백이다. 게임물 내용

정보 항목에 △멀미 유발 가능성, △권장 이용·휴식 시간, △어지럼증·시각·신경 질환자 등 취약계층을 위한 주의 사항을 포함하도록 「게임산업진흥에 관한 법률」을 개정할 필요가 있다.

체험장 문제도 시급하다. 일반 시민 다수는 여전히 관광지·쇼핑몰·유원시설에 설치된 VR 체험장에서 처음으로 가상현실을 경험한다. 이때 이용자에게 가장 중요한 것은 화려한 그래픽이 아니라 '안전'이다. 현재 전체이용가 VR 게임물을 사용하는 체험장은 「관광진흥법」상 유원시설업으로 관리되며 기계·기구 안전성 검사를 받지만, 이는 주로 구조물·기계 고장을 전제로 한 전통 놀이기구 기준에 가깝다. 반면, 전체이용가가 아닌 VR 게임물을 제공하는 곳은 「게임산업진흥에 관한 법률」상 게임제공업으로 분류되어 조명, 밀실 금지, 주거지역 입지 제한 등 PC방·오락실 기준의 규제를 받고 있다. 두 체계 모두 '헤드셋을 쓰고 움직이는' VR의 특성과는 거리가 있다.

결과적으로 지금의 법 체계는 VR 게임 자체의 안전성(멀미, 시야 제한, 공간 요구)과 VR 체험장 환경의 안전성(전용 공간 확보, 안전관리자 배치, 비상정지 장치, 미성년·장애인 보호)을 제대로 다루지 못한다. 체험장을 운영하거나 VR 콘텐츠를 개발·유통하려는 사업자도 무엇을, 어디까지 준비해야 하는지 명확한 기준을 찾기 어렵다. 별도의 '가상현실 체험장' 법적 지위와 안전기준을 마련하고, 공간 정리 의무·안전관리자 교육·사전 안내·비상정지 장치·취약계층 보호 기준 등을 담은 VR 전용 안전 가이드라인을 법으로 뒷받침해야 한다.

마지막으로, 「가상융합산업 진흥법」과 같은 산업진흥법은 기술과 시장의 성장만이 아니라 부작용에 대한 책임도 함께 다뤄야 한다. VR 멀미 저감 기술, 안전한 콘텐츠 설계 가이드, 사이버보안·프라이버시 기준, 의료·교육·훈련·게임 등 산업별 안전 프로토콜에 대한 연구와 표준화 지원 근거를 포함시켜야 비로소 '책임 있는 진흥법'이라 할 수 있다.

가상현실 기술은 AI와 데이터가 집약되는 미래 핵심 산업이며, 이미 교육·훈련·엔터테인먼트 전 영역으로 퍼지고 있다. 이제 필요한 것은 "더 많은 VR"이 아니라 "더 안전한 VR"이다. 가상현실 산업의 성장은 이용자의 안전과 건강 위에서만 정당성을 가질 수 있다. 법과 정책이 묻는 질문도 "VR이 얼마나 재밌느냐"에서 "VR이 얼마나 안전하냐"로 바뀌어야 할 때다.

2025년 12월 23일, 뉴스핌 기고문

[관광정책]

관광산업 판례 변화, "회원 이의권"이 더 중요한가, "보증인 채무 유지"가 더 중요한가

「관광진흥법」 제8조는 "관광사업을 양수한 자 또는 관광사업을 경영하는 법인이 합병한 때에는 합병 후 존속하거나 설립되는 법인은 그 관광사업의 등록 등 또는 신고에 따른 관광사업자의 권리·의무를 승계한다"라고 규정한다.

2024년 11월 14일, 대법원은 「관광진흥법」 제8조의 '관광사업자 권리·의무 승계' 조항을 처음으로 해석하는 판결을 내놓았다(2024다251876). 이 사건은 한 리조트 회원이 자신이 불입한 입회금 반환 분쟁에서 비롯됐지만, 결과는 업계 전반에 적지 않은 시사점을 남겼기 때문에 우리 사회가 최근 가볍게 생각하는 신뢰에 대해 다시금 생각해 보게 해준다.

경제난에 허덕이다가 회생절차에 들어간 리조트 운영사는 결국 경매를 통해 다른 회사로 넘어갔다. 「관광진흥법」 제8조에 따르면 새 운영사가 기존 계약상 권리·의무를 모두 이어받는다. 그런데 한 회원이 "나는 이를 원치 않는다"라며 이의를 제기했고, 대법원은 이를 받아들였다.

그렇다면 이 규정은 강행규정일까, 임의규정일까. 법에 있어서 사회질서와 직접적으로 연관이 있어서 지키지 않으면 안 되는 규정을 법은 강행규정이라고 하고 양 당사자가 미처 합의하지 못해 공백을 메꾸기 위해 합의가 없는 부분이 있는 것을 메꾸는 것을 임의규정으로 한다.

그동안 이 규정에 대해 이의를 제기한 사람은 없었고, 약관에서 미처 규정해 놓은 게 없었던 대부분의 상황에서 합병, 인수 등의 이후 존속이나 설립법인은 기존의 채무를 승인해 왔다.

그런데 2024다251876 판결로 인하여 리조트 회원의 거부권으로 기존 운영사와 보증인의 채무는 그대로 남게 된 것이다. 이 판결은 계약 자동 승계 원칙을 「관광진흥법」 제8조가 규정하고 있고, 사업자 변경 시 권리·의무가 자동 승계된다고 보아 오던 상황에서 일정 기간 내 이의 제기 시 승계 효력을 회원이 부정할 수 있고 이와 같이 승계가 무효화되면 보증인의 채무도 함께 남아 보증인의 책임이 유지된다는 것이며 이때 이의 제기의 형식에는 제한이 없음을 보여주었다. 이 판결로 인하여 관광업계는 회원의 신뢰 확보라는 절차를 거쳐야 할 필요가 생겨났다.

그리하여 새 운영사 인수 시 회원 동의와 회원의 권익 보호도 더욱 중요해졌다. 특히 거래 리스크 관리에 있어서 인수·합병, 경매 참여 시 기존 회원 계약 관계를 철저히 검토해야 하며 보증인도 그러한 위험을 인식하여 보증계약 체결 시 승계 무효 가능성을 대비한 조항이 필요하다는 것을 알게 되었다. 즉, 관광사업자는 인수 절차에서 회원 안내·동의 절차를 강화하고, 계약서에 승계·면책 조건을 명확히 규정해야 한다. 이제 정책 당국은 비전형 절차에서의 승계 여부, 회원 보호와 거래 안정성 간 균형점을 제시하는 후속 입법, 「관광진흥법」에 있어서 자동승계원칙의 예외의 입법화를 검토할 시점이 온 것이다.

공평과 신의칙을 근거로 회원의 이의권을 인정하게 한 이 판결은 관광산업에서 사업자의 리스크, 즉 보증인의 지위 안정성 문제를 드러내었다. 승계가 무효화되면 보증인이 예상치 못한 채무를 계속 부담해야 하는 상황이 생기기 때문에 회원 보호 측면에는 긍정적이지만, 논의를 거쳐 법인이 합병으로 소멸한 뒤에도 회원이 이의권을 행사하면, 소멸한 법인에 어떻게 채무를 존속시킬 수 있을지 법리적으로 불명확한 부분이 있다. 입법 취지상 채권자 평등에 기하여 법정 승계규정이 회원을 다른 채권자보다 항상 우선 보호하는 것이 타당한지에 대한 정책 논의와 담보신탁 후 공매 등 비전형적 절차에도 그대로 우선적으로 적용할지 등 승계범위에 있어 우선순위 등에서 입법개정이 따라와야 할 것으로 보인다.

「관광진흥법」 제8조의 승계 규정은 겉보기엔 단순하지만 실제 적용 과정에서는 계약법·민사집행법·회생법 등 여러 법 영역이 얽혀있다. 관광진흥을 위해서 입법 방향에 대해 해석을 고민해야 한다. 그리고 무엇보다도 특정 국가의 자본이 나날이 집중화되고 있는 현재, 우리나라의 관광기업 역시 중국기업의 적극적인 진출로 인하여 개인정보 이전이라는 문제가 발생하였는데 이 판결에 상당한 영향을 준 것이 아닌가 추측된다. 지금 우리는 과학기술뿐 아니라 전 분야에 있어 위기를 맞이하고 있다. 그럴수록 실시간 문제를 대응하기 위해 정치권이 조속한 입법의 첫 단추를 채워주길 촉구한다.

2025년 9월 16일, 뉴스핌 기고문

[외식정책]

외식 프랜차이즈 성장의 이면…
협력업체의 고통을 외면하지 말자

“가맹본사는 보호받고, 협력업체는 외면받는다.” 지금 우리나라 외식 프랜차이즈 산업을 들여다보면, 마치 이 문장이 자조적으로 들린다. 브랜드는 화려하고 본사는 성장하지만, 그 기반을 떠받치는 수많은 식자재 가공업체, 포장재 납품업체, 물류 대행사, IT 서비스업체는 법의 보호에서 멀리 떨어져 있다. 실제로 최근 논란이 된 연돈볼카츠 사태나 백종원 브랜드를 둘러싼 협력사 논란은 ‘을 중의 을’인 협력업체들이 얼마나 취약한 지위에 놓여 있는지를 극명하게 보여준다. 납품단가 인하, 기술자료 요구, 위탁취소, 마케팅 비용 전가…. 이들은 「가맹사업법」의 보호 대상이 아니며, 「하도급법」상 보호도 애매한 위치에 놓여 있다.

왜 이런 일이 반복될까? 이유는 간단하다. 외식업계의 복잡한 공급망 구조를 현재의 법률인 「하도급 공정화에 관한 법률」과 가맹점주를 위한 「공정거래법」이 따라가지 못하고 있기 때문이다.

유명 셰프가 운영하는 프랜차이즈 브랜드 제품의 생산을 맡은 협력업체가 갑작스러운 계약 해지를 통보받았다. 협력업체는 유명 셰프의 높은 인지도를 신뢰하고 생산 설비, 인력, 원자재 등에 상당한 투자를 했고 유명 셰프는 판매 계획 변경, 품질 문제 등을 이유로 계약 해지 통보를 했으나, 협력업체 입장에서는 대규모 투자에 대한 손해보전이나 대금 지급 등 정당한 조치가 미흡하다고 주장한다.

이때 계약 해지 통보의 정당성 문제, 즉, 계약 해지 사유가 계약서에 명시되어 있었는지 여부와 계약 해지 통보 시 사전 협의 및 유예 기간 부여 여부 그리고 일방적 해지가 '거래상 지위 남용(공정거래법 위반)' 인지 여부가 문제 될 수 있을 것이다. 또한 공급된 제품에 대한 정당한 대금 지급 의무, 즉, 계약 해지로 인한 협력업체의 설비 투자 손실, 인건비 등 손해배상 범위를 어디까지로 볼지도 연구가 필요한 부분이다.

그중에서도 불공정거래 여부를 따지기 위해 「민법」 제104조의 궁박, 경솔, 무경험으로는 볼 수 없으므로 연예인·유명인 브랜드라는 점에서 협력업체가 대등한 교섭력을 가지지 못했는지 여부를 입증하는 것이 무엇보다도 어렵다. 이와 같이 「하도급법」과 「가맹사업법」 내에 들어오지 못하는 B2B 관계에서 발생하는 프랜차이즈 본부와 협력업체 간의 불공정 거래 관행(공정거래법, 가맹사업법 등 적용 가능성)은 아직 판례가 축적되어 있지 못한 부분이 존재한다.

「공정거래법(독점규제 및 공정거래에 관한 법률)」 제23조는 부당하게 거래상 지위를 남용하여 상대방에게 불이익을 주는 행위(거래 강제, 부당한 계약 해지 등)를 금지하고 있고 제24조의2 역시 거래 상대방에게 계약상 의무 외 부담을 지게 하거나 계약 이행에 지장을 주는 행위 금지하고 있다.

무엇보다도 프랜차이즈 본부와 협력업체의 관계가 '가맹사업'의 범위에 해당하는지 여부에 따라 의문이 있는 것도 사실이다. 결국 「민법」상 계약 해지 시 상대방에게 손해를 끼친 경우 「민법」 제390조(채무불이행에 의한 손해배상) 적용이 가능하다. 계약상 의무(대금 지급 등) 불이행으로 인한 손해배상 청구가 가능하기 때문이다.

남양유업 대리점 갑질 사건과 같이 대리점에 물량 강제 할당 및 가격 할인 강요로 대리점주 손실을 초래하거나 CJ푸드빌 협력업체 문제와 같이 유명 브랜드의 공급계약 해지 및 일방적 조건 변경으로 중소 협력업체 피해를 가하는 등 유명 셰프 및 대기업 브랜드의 공급망 상생을 위한 계약 공정성 강화를 위해 법적 진단은 과연 표준계약서 도입 및 준수 강제화밖에 없는가 회의감이 든다.

「가맹사업법」은 가맹점주 보호에 초점을 두고 있고, 「하도급법」은 제조·용역 중심의 위탁 구조에 한정되어 있다. 그 사이에서 유통, 물류, 정보처리 위탁을 수행하는 협력업체들은 제도적으로 방치되어 왔다.

지금 필요한 것은 외식업계의 거래 실태를 반영한 새로운 접근이다. 법 제도는 산업현장을 따라가야 한다. 즉, 외식업종의 「하도급거래 공정화 가이드라인」의 제정을 통해 손익을 함께 부담할 수 있는 공정한 거래관계를 제안하는 것이 필요한 때이다. 이는 단가 후려치기, 기술자료 유출, 부당한 위탁취소, 비용 전가 등 협력업체가 실제 겪는 고통을 예방하고, 본사와 수급사업자가 대등한 위치에서 거래할 수 있는 자율규제 기반을 마련하는 것이다.

우리나라 외식업은 연간 100조 원 규모의 내수 핵심 산업이다. 그 성장은 단지 유명 셰프의 브랜드나 본사의 마케팅으로 이루어진 것이 아니다. 이름 없는 협력업체들의 땀과 시간 위에 함께 서 있음을 우리는 잊어서는 안 된다. 이제는 그들을 위한 공정한 거래 기준이 필요하다. 외식산업의 지속 가능한 생태계는 협력업체와의 상생에서 시작되어야 한다.

2025년 5월 29일, 뉴스핌 기고문